Gottfried August Bürger

Lénore - Traductions comparées

Texte et illustration de couverture : © domaine public
Edition : Culturea (Hérault, 34)
Contact : infos@culturea.fr
Retrouvez notre catalogue sur http://culturea.fr
Imprimé en Allemagne par Books on Demand
Design typographique : Derek Murphy
Layout : Reedsy (https://reedsy.com/)

Dépôt légal : janvier 2023
Tous droits réservés pour tous pays

ISBN : 9791041923694

Table des matières

Préface

Bürger est né à Wolsmerwende, dans la principauté d'Halberstadt, le 1er janvier 1748. Un soir, il entendit une jeune paysanne chanter les mots suivants :

La lune est si claire,
Les morts vont si vite à cheval !
Dis, chère amie, ne frissonnes-tu pas ?

Ces paroles retentirent sans cesse à ses oreilles, et saisirent tellement son imagination, qu'il n'eut pas de repos avant d'avoir composé quelques strophes sur ce refrain. Il les montra à ses amis, qui le pressèrent vivement de ne pas laisser son ouvrage imparfait : ce n'était d'abord que des couplets isolés qu'il réunit ensuite dans un même cadre. Lorsque Lénore fut achevée, Bürger la lut à la société littéraire de Gœttingen ; arrivé à ces vers :

« Il s'élance à bride abattue contre une grille de fer ; d'un coup de sa houssine légère, il frappe... les verroux se brisent... »

il frappa contre la cloison de la chambre, ses auditeurs tressaillirent, et se levèrent en sursaut : le poète qui tremblait pour le succès d'un ouvrage aussi différent des formes ordinaires, commença à espérer qu'il avait réussi. Il en eut bientôt la certitude par la vogue prodigieuse que Lénore obtint dans toute l'Allemagne ; les paysans mêmes chantent cette romance, comme les gondoliers de Venise répètent les vers du Tasse : Bürger est le poète le plus populaire de l'Allemagne. Il n'est personne qui ne sache par cœur des fragments de ses poésies. Il mourut de misère, et on se hâta de lui élever un monument...

LÉNORE[1]

Traduit par Ferdinand Flocon

Aux premières lueurs du matin, Lénore, fatiguée de rêves lugubres, s'élance de son lit. Es-tu infidèle, Wilhelm, ou es-tu mort ? tarderas-tu long-temps encore ? – Il avait suivi l'armée du roi Frédéric à la bataille de Prague, et n'avait rien écrit pour rassurer son amie.

Lassés de leurs longues querelles, le roi et l'impératrice revinrent de leurs prétentions et conclurent enfin la paix. Couronnée de verts feuillages, chaque armée retourna, en chantant, dans ses foyers, aux sons joyeux des fanfares et des tymbales.

De tous côtés, sur les chemins et sur les ponts, jeunes et vieux se portaient en foule à leur rencontre. Dieu soit loué ! s'écriaient plus d'une épouse. Sois le bienvenu ! disaient plus d'une fiancée. Lénore seule attendait le baiser du retour.

Elle parcourt les rangs : elle les monte ; elle les redescend, elle interroge, hélas, en vain. Dans cette foule innombrable, personne ne peut lui donner de réponse certaine. Déjà tous sont éloignés. Alors elle arrache ses beaux cheveux, et se roule à terre dans le délire du désespoir.

Sa mère s'approche : Dieu ait pitié de toi, ma pauvre enfant !

---

[1] Ballades allemandes tirées de Bürger, Koerner et Kosegarten ; publ. par Ferdinand Flocon
http://gallica.bnf.fr/document?O=N074608

et la serrant dans ses bras, elle lui demandait la cause de sa douleur.

— Oh ! ma mère ! ma mère ! il est mort ! mort ! Périsse le monde et tout ce qu'il renferme ; Dieu est sans pitié. Malédiction sur moi, malheureuse que je suis !

— Que Dieu nous aide, ma fille, implore sa bonté[2] ce qu'il fait est bien fait, et jamais il ne nous abandonne.

— Oh ! ma mère, c'est une vaine illusion, Dieu m'a abandonnée : mes prières sont restées inutiles ; à quoi serviraient-elles maintenant ?

— Que Dieu nous aide ! Celui qui connaît sa puissance sait qu'il peut nous secourir jusque dans les enfers. Sa sainte parole calmera tes douleurs[3].

— Oh ! ma mère, la douleur qui me tue, aucune parole ne pourra la calmer. Aucune parole ne peut rendre la vie aux morts !

— Écoute, mon enfant, peut-être le perfide a-t-il trahi sa foi pour une fille de la lointaine Hongrie. Efface-le de ton souvenir. Il ne sera jamais heureux, et, à l'heure de la mort, il sentira le châtiment de son parjure.

— Oh ! ma mère ! les morts sont morts, et ce qui est perdu est perdu. La mort, voilà mon lot. Oh ! que je voudrais n'être pas née. Éteins-toi pour toujours, flambeau de ma vie ! que je meure dans l'horreur et dans les ténèbres ! Dieu est sans pitié ! Malédiction sur moi, malheureuse que je suis !

— Mon Dieu ! ayez pitié de nous ; n'entrez pas en jugement avec ma pauvre enfant, ne comptez pas ses péchés ! Elle ne sait pas quelles sont ses paroles. Oh ! ma fille, oublie les souffrances

---

[2] *Dis un* : Notre père qui êtes aux cieux.

[3] Le Saint-Sacrement

de ce monde : pense à Dieu, à la félicité éternelle ; au moins ton âme immortelle ne restera pas dans le veuvage[4].

— Oh ! ma mère ! qu'est-ce que la félicité, qu'est-ce que l'enfer ? Avec Wilhelm est la félicité, sans Wilhelm est l'enfer. *Éteins-toi* pour toujours, flambeau de ma vie ! que je meure dans l'horreur et dans les ténèbres ! Dieu est sans pitié ! Malédiction sur moi, malheureuse que je suis !

Ainsi la douleur ravage son cœur et son âme, et lui fait insulter[5] à la divine Providence. Elle se meurtrit le sein et se tord les bras. Cependant les astres de la nuit s'élevaient lentement sur la voûte du ciel.

Mais écoutez ! Voilà qu'au-dehors retentit comme le galop d'un cheval. Il semble qu'un cavalier en descend avec bruit au bas de l'escalier. Écoutez ! la sonnette a tinté doucement, et voilà qu'à travers la porte, une voix fait entendre les paroles suivantes :

— Ouvre, mon enfant. Dors-tu, mon amie, ou es-tu éveillée ? Penses-tu encore à moi ? Es-tu dans la joie ou dans les larmes ?

— Ah ! Wilhelm ! est-ce toi ? Si tard dans la nuit ! Je veillais et je pleurais ! Ah ! j'ai bien souffert. D'où viens-tu donc sur ton cheval à cette heure ?

— Nous ne montons nos coursiers qu'à minuit. J'arrive du fond de la Bohême : tard je me suis mis en route, et je viens te chercher pour te prendre avec moi.

— Oh ! Wilhelm ! entre d'abord que je te réchauffe dans mes bras. Entends-tu le bruit du vent dans la forêt ?

— Laisse l'aquilon mugir dans la forêt, enfant, laisse-le mu-

---

4 La mère de Lénore lui parle ici de Jésus-Christ, que les catholiques regardent comme réponse de toutes les vierges dans le ciel.

5 Le verbe insulter était intransitif à l'époque de la traduction.

gir. Le coursier frappe la terre, les éperons résonnent ; je ne puis demeurer ici. Viens, chausse-toi, saute en croupe derrière moi. Il me faut faire encore cent lieues aujourd'hui pour me précipiter avec toi au lit nuptial !

— Comment veux-tu que nous fassions aujourd'hui cent lieues pour aller au lit de noces ! Écoute : la cloche qui a sonné onze heures vibre encore.

— Regarde ! La lune est claire et brillante. Nous et les morts nous allons vite. Je te promets de te mener aujourd'hui même au lit nuptial.

— Dis-moi, où est ta demeure, et comment est ton lit de noces ?

— Loin, bien loin d'ici ; étroit, humide et silencieux : six planches et deux planchettes.

— Y a-t-il de la place pour toi et pour moi ?

— Pour toi et pour moi. Viens, chausse-toi et monte en croupe : la chambre nuptiale est ouverte, les conviés nous attendent.

La jeune fille se chausse et saute avec agilité sur le cheval : elle enlace ses blanches mains autour de celui qu'elle aime, et ils s'élancent avec le bruit et la rapidité de la tempête. Le cheval et le cavalier respiraient à peine, les pierres étincelaient sous leurs pas.

Oh ! comme à gauche et à droite disparurent à leurs yeux les prairies, les plaines et les campagnes ! comme les ponts retentirent à leur passage !

— A-t-elle peur, mon amie ? ... La lune est brillante. Hurrah ! les morts vont vite. A-t-elle peur des morts ?

— Oh ! non. Mais laisse les morts en repos.

Quelles sont ces voix lugubres ! Où volent ces corbeaux ? Écoutez : c'est le glas des cloches et l'hymne des funérailles. « Laissez-nous ensevelir ce corps[6]. » Et de plus en plus approchait le convoi funèbre, déjà on distinguait la bière, et le chant semblait les accents sinistres des habitans des marais.

– Après minuit, vous ensevelirez ce corps avec vos chants et vos plaintes. Maintenant je conduis chez moi ma fiancée, venez assister au banquet : viens, chantre, viens avec le chœur, et entonne l'hymne du mariage ! prêtre, viens aussi, tu prononceras la bénédiction quand nous entrerons au lit nuptial.

Le chant funèbre a cessé, la bière a disparu : obéissant à sa voix, le convoi part à leur suite. Hurrah ! Hurrah ! Ils sont presque sur les pieds du cheval, et ils s'élancent avec le bruit et la rapidité de la tempête : le cheval et le cavalier respiraient à peine ; les pierres étincelaient sous leurs pas.

Oh ! comme s'envolèrent à gauche et à droite les montagnes et les forêts, les buissons et les campagnes, les hameaux et les villes !

–Crains-tu ? mon amie...

Là lune est brillante. Hurrah ! les morts vont vite ! A-t-elle peur des morts ?

– Oh ! laisse donc les morts en repos !

– Vois-tu, vois-tu auprès de ces potences ces fantômes aériens, demi visibles à la pâle clarté de la lune ? ils dansent autour de la roue. Ici, ici, troupe vile et infâme, suivez-nous ; dansez la danse des noces, nous allons au lit nuptial.

------

[6] Ces paroles sont le commencement du chant des morts en Allemagne.

Et la foule des esprits s'élance après eux avec des cris et un bruit semblable à celui de l'ouragan dans les bruyères desséchées. Et ils allaient toujours au galop avec le fracas et la rapidité de la tempête : le cheval et le cavalier respiraient à peine ; les pierres étincelaient sous leurs pas.

Oh ! comme s'envolait au loin tout ce que la lune éclairait autour d'eux ! Comme le ciel et les astres glissaient au-dessus de leurs têtes ! – A-t-elle peur, mon amie ? ... La lune est brillante. Hurrah ! Les morts vont vite ! A-t-elle peur des morts ?

– Oh ! mon Dieu ! laisse donc les morts en repos !

– Mon cheval noir ! Il me semble entendre déjà le chant du coq. Bientôt le sablier sera écoulé ! Mon noir ! mon noir ! Je sens l'air du matin. Dépêche-toi, hâte-toi ! ... Finie, finie est notre course ! Le lit nuptial s'ouvre pour nous : les morts vont vite : nous voici arrivés ! »

Il s'élance à bride abattue contre une grille de fer : de sa houssine légère, il frappe... les verroux se brisent et les deux battans s'ouvrent avec fracas. Leur élan rapide les emporte par-delà les tombes qui apparaissent de tous côtés à la clarté de la lune.

Mais voyez, voyez ! Au même instant, Dieu ! quel affreux miracle ! Le manteau du cavalier tombe en poussière[7], sa tête est changée en une tête de mort décharnée, son corps est un squelette armé d'une faux et d'un sablier !

Le cheval noir se cabre furieux ; il hennit, vomit des flammes, et s'abîme dans de sombres profondeurs. Des hurlemens, des hurlemens descendent des sphères célestes, des gémissemens sortent du fond des tombes. Le cœur de Lénore palpitait avec angoisses entre la vie et la mort.

Alors, à la lueur de l'astre nocturne, et se tenant par la main,

---

[7] Le manteau tomba comme de l'amadou brûlé.

dansèrent en rond, autour d'elle, de pâles fantômes, et ils enton-
nèrent l'hymne suivante :

« Patience ! Patience ! si la douleur brise ton cœur, ne blas-
phême jamais le Dieu du ciel ! Ton corps est délivré ; Dieu ait pi-
tié de ton âme ! »

LÉNORE[8]

Traduction en prose par Gérard de Nerval

Lénore se lève au point du jour, elle échappe à de tristes rêves : « Wilhelm, mon époux ! es-tu mort ? es-tu parjure ? Tarderas-tu long-temps encore ? » Le soir même de ses noces il était parti pour la bataille de Prague, à la suite du roi Frédéric, et n'avait depuis donné aucune nouvelle de sa santé.

Mais le roi et l'impératrice, las de leurs querelles sanglantes, s'apaisant peu à peu, conclurent enfin la paix ; et cling ! et clang ! au son des fanfares et des timbales, chaque armée, se couronnant de joyeux feuillages, retourna dans ses foyers.

Et partout et sans cesse, sur les chemins, sur les ponts, jeunes et vieux, fourmillaient à leur rencontre. « Dieu soit loué ! » s'écriaient maint enfant, mainte épouse. « Sois le bienvenu ! » s'écriait mainte fiancée. Mais, hélas ! Lénore seule attendait en vain le baiser du retour.

Elle parcourt les rangs dans tous les sens ; partout elle interroge. De tous ceux qui sont revenus, aucun ne peut lui donner de nouvelles de son époux bien aimé. Les voilà déjà loin : alors, arrachant ses cheveux, elle se jette à terre et s'y roule avec délire.

---

8 Poésies allemandes : Klopstock, Goethe, Schiller, Burger / morceaux choisis et traduits par M. Gérard [de Nerval]. Publication : Paris : Bureau de la Bibliothèque choisie, 1830.
http://gallica.bnf.fr/document?O=N074764

Sa mère accourt : « Ah ! Dieu t'assiste ! Qu'est-ce donc, ma pauvre enfant ? » et elle la serre dans ses bras. « Oh ! ma mère, ma mère, il est mort ! mort ! que périsse le monde et tout ! Dieu n'a point de pitié ! Malheur ! malheur à moi !

– Dieu nous aide et nous fasse grâce ! Ma fille, implore notre père : ce qu'il fait est bien fait, et jamais il ne nous refuse son secours. – Oh ! ma mère ! vous vous trompez... Dieu m'a abandonnée : à quoi m'ont servi mes prières ? à quoi me serviront-elles ?

– Mon Dieu ! ayez pitié de nous ! Celui qui connaît le père sait bien qu'il n'abandonne pas ses enfants : le Très-Saint-Sacrement calmera toutes tes peines ! – Oh ma mère, ma mère !... Aucun sacrement ne peut rendre la vie aux morts !...

– Mon Dieu ! ayez pitié de nous. N'entrez point en jugement avec ma pauvre enfant ; elle ne sait pas la valeur de ses paroles... ne les lui comptez pas pour des péchés ! Ma fille, oublie les chagrins de la terre ; pense à Dieu et au bonheur céleste ; car il te reste un époux dans le ciel !

– Oh ! ma mère, qu'est-ce que le bonheur ? Ma mère, qu'est-ce que l'enfer ?... Le bonheur est avec Wilhelm, et l'enfer sans lui ! Éteins-toi, flambeau de ma vie, éteins-toi dans l'horreur des ténèbres ! Dieu n'a point de pitié... Oh ! malheureuse que je suis ! »

Ainsi le fougueux désespoir déchirait son cœur et son âme, et lui faisait insulter à la providence de Dieu. Elle se meurtrit le sein, elle se tordit les bras jusqu'au coucher du soleil, jusqu'à l'heure où les étoiles dorées glissent sur la voûte des cieux.

Mais au dehors quel bruit se fait entendre ? Trap ! trap ! trap !... C'est comme le pas d'un cheval. Et puis il semble qu'un cavalier en descende avec un cliquetis d'armures ; il monte les degrés... Écoutez ! écoutez !... La sonnette a tinté doucement... Klinglingling ! et, à travers la porte, une douce voix parle ainsi :

— Holà ! holà ! ouvre-moi, mon enfant ! Veilles-tu ? ou dors-tu ? Es-tu dans la joie ou dans les pleurs ? — Ah ! Wilhelm ! c'est donc toi ! si tard dans la nuit !... Je veillais et je pleurais... Hélas ! j'ai cruellement souffert... D'où viens-tu donc sur ton cheval ?

— Nous ne montons à cheval qu'à minuit ; et j'arrive du fond de la Bohème : c'est pourquoi je suis venu tard, pour te remmener avec moi. — Ah ! Wilhelm, entre ici d'abord ; car j'entends le vent siffler dans la forêt...

— Laisse le vent siffler dans la forêt, enfant ; qu'importe que le vent siffle. Le cheval gratte la terre, les éperons résonnent ; je ne puis rester ici. Viens, Lénore, chausse-toi, saute en croupe sur mon cheval ; car nous avons cent lieues à faire pour atteindre à notre demeure.

— Hélas ! comment veux-tu que nous fassions aujourd'hui cent lieues, pour atteindre à notre demeure ? Écoute ! la cloche de minuit vibre encore. — Tiens ! tiens ! comme la lune brille !... Nous et les morts, nous allons vite ; je gage que je t'y conduirai aujourd'hui même.

— Dis-moi donc où est ta demeure ? Y a-t-il place pour moi ? — Pour nous deux. Viens, Lénore, saute en croupe : le banquet de noces est préparé, et les conviés nous attendent.

La jeune fille se chausse, s'élance, saute en croupe sur le cheval ; et puis en avant ; hop ! hop ! hop ! Ainsi retentit le galop... Cheval et cavalier respiraient à peine ; et, sous leurs pas, les cailloux étincelaient.

Oh ! comme à droite, à gauche, s'envolaient à leur passage, les prés, les bois et les campagnes ; comme sous eux les ponts retentissaient ! — A-t-elle peur, ma mie ? La lune brille... Hurra ! les morts vont vite. A-t-elle peur des morts ? — Non... Mais laisse les morts en paix !

Qu'est-ce donc là-bas que ce bruit et ces chants ? Où volent ces nuées de corbeaux ? écoute... C'est le bruit d'une cloche ; ce sont les chants des funérailles : « Nous avons un mort à ensevelir. » Et le convoi s'approche accompagné de chants qui semblent les rauques accents des hôtes des marécages.

– Après minuit vous ensevelirez ce corps avec tout votre concert de plaintes et de chants sinistres : moi, je conduis mon épousée, et je vous invite au banquet de mes noces. Viens, chantre, avance avec le chœur, et nous entonne l'hymne du mariage. Viens, prêtre, tu nous béniras.

Plaintes et chants, tout a cessé... la bière a disparu... Sensible à son invitation, voilà le convoi qui les suit... Hurra ! hurra ! il serre le cheval de près, et puis en avant ! Hop ! hop ! hop ! Ainsi retentit le galop... Cheval et cavalier respiraient à peine, et sous leurs pas les cailloux étincelaient.

Oh ! comme à droite, à gauche s'envolaient à leur passage les prés, les bois et les campagnes. Et comme à gauche, à droite, s'envolaient les villages, les bourgs et les villes. –A-t-elle peur, ma mie ? La lune brille... Hurra ! les morts vont vite... A-t-elle peur des morts ? – Ah ! laisse donc les morts en paix.

– Tiens ! tiens ! vois-tu s'agiter, auprès de ces potences, des fantômes aériens, que la lune argente et rend visibles ? Ils dansent autour de la roue. Çà ! coquins, approchez ; qu'on me suive et qu'on danse le bal des noces... Nous allons au banquet joyeux. »

Husch ! husch ! husch ! toute la bande s'élance après eux, avec le bruit du vent parmi les feuilles desséchées : et puis en avant ! Hop ! hop ! hop ! ainsi retentit le galop. Cheval et cavalier respiraient à peine, et sous leurs pas les cailloux étincelaient.

Oh ! comme s'envolait, comme s'envolait au loin tout ce que la lune éclairait autour d'eux !... Comme le ciel et les étoiles fuyaient au-dessus de leurs têtes ! – A-t-elle peur, ma mie ? La lune brille... Hurra ! les morts vont vite... – Oh mon Dieu ! laisse en paix les morts.

– Courage, mon cheval noir. Je crois que le coq chante : le sablier bientôt sera tout écoulé... Je sens l'air du matin... Mon cheval, hâte-toi... Finie, finie est notre course ! J'aperçois notre demeure... Les morts vont vite.... Nous voici !

Il s'élance à bride abattue contre une grille en fer, la frappe légèrement d'un coup de cravache... Les verroux se brisent, les deux battants se retirent en gémissant. L'élan du cheval l'emporte parmi des tombes qui, à l'éclat de la lune, apparaissent de tous côtés.

Ah ! voyez !... au même instant s'opère un effrayant prodige : hou ! hou ! le manteau du cavalier tombe pièce à pièce comme de l'amadou brûlée ; sa tête n'est plus qu'une tête de mort déchar- née, et son corps devient un squelette qui tient une faux et un sa- blier.

Le cheval noir se cabre furieux, vomit des étincelles, et sou- dain... hui ! s'abîme et disparaît dans les profondeurs de la terre : des hurlements, des hurlements descendent des espaces de l'air, des gémissements s'élèvent des tombes souterraines... Et le cœur de Lénore palpitait de la vie à la mort.

Et les esprits, à la clarté de la lune, se formèrent en rond au- tour d'elle, et dansèrent chantant ainsi : « Patience ! patience ! quand la peine brise ton cœur, ne blasphème jamais le Dieu du ciel ! Voici ton corps délivré... que Dieu fasse grâce à ton âme ! »

LÉNORE[9]

Traduction en vers par Gérard de Nerval

Lénore au point du jour se lève,
L'œil en pleur, le cœur oppressé ;
Elle a vu passer dans un rêve,
Pâle et mourant, son fiancé !
Wilhelm était parti naguère
Pour Prague, où le roi Frédéric
Soutenait une rude guerre,
Si l'on en croit le bruit public.

Enfin, ce prince et la tsarine,
Las de batailler sans succès,
Ont calmé leur humeur chagrine
Et depuis peu conclu la paix ;
Et cling ! et clang ! les deux armées,
Au bruit des instruments guerriers,
Mais joyeuses et désarmées,
Rentrent gaîment dans leurs foyers.

Ah ! partout, partout quelle joie !
Jeunes et vieux, filles, garçons,
La foule court et se déploie
Sur les chemins et sur les ponts.
Quel moment d'espoir pour l'amante,

---

9 Poèmes d'Outre-Rhin : poésies allemandes (1840), suivies des Poésies de Henri Heine (1848) et d'autres traductions.
http://www.biblisem.net/narratio/burgleno.htm

Et pour l'épouse quel beau jour !
Seule, hélas ! Lénore tremblante
Attend le baiser du retour.

Elle s'informe, crie, appelle,
Parcourt en vain les rangs pressés.
De son amant point de nouvelle...
Et tous les soldats sont passés !
Mais sur la route solitaire,
Lénore en proie au désespoir
Tombe échevelée... et sa mère
L'y retrouva quand vint le soir.

– Ah ! le Seigneur nous fasse grâce !
Qu'as-tu ? qu'as-tu, ma pauvre enfant ?...
Elle la relève, l'embrasse,
Contre son cœur la réchauffant ;
Que le monde et que tout périsse,
Ma mère ! Il est mort ! il est mort !
Il n'est plus au ciel de justice
Mais je veux partager son sort.

– Mon Dieu ! mon Dieu ! quelle démence !
Enfant, rétracte un tel souhait ;
Du ciel implore la clémence,
Le bon Dieu fait bien ce qu'il fait.
– Vain espoir ! ma mère ! ma mère !
Dieu n'entend rien, le ciel est loin...
À quoi servira ma prière,
Si Wilhelm n'en a plus besoin ?

– Qui connaît le père, d'avance
Sait qu'il aidera son enfant :
Va, Dieu guérira ta souffrance
Avec le très-saint sacrement !
– Ma mère ! pour calmer ma peine,
Nul remède n'est assez fort,
Nul sacrement, j'en suis certaine,

Ne peut rendre à la vie un mort !

– Ces mots à ma fille chérie
Par la douleur sont arrachés...
Mon Dieu, ne va pas, je t'en prie,
Les lui compter pour des péchés !
Enfant, ta peine est passagère,
Mais songe au bonheur éternel ;
Tu perds un fiancé sur terre,
Il te reste un époux au ciel.

– Qu'est-ce que le bonheur céleste
Ma mère ? qu'est-ce que l'enfer ?
Avec lui le bonheur céleste,
Et sans lui, sans Wilhelm, l'enfer ;
Que ton éclat s'évanouisse,
Flambeau de la vie, éteins-toi !
Le jour me serait un supplice,
Puisqu'il n'est plus d'espoir pour moi !

Ainsi, dans son cœur, dans son âme,
Se ruait un chagrin mortel :
Longtemps encore elle se pâme,
Se tord les mains, maudit le ciel,
Jusqu'à l'heure où de sombres voiles
Le soleil obscurcit ses feux,
À l'heure où les blanches étoiles
Glissent en paix sur l'arc des cieux.

Tout à coup, trap ! trap ! trap ! Lénore
Reconnaît le pas d'un coursier,
Bientôt une armure sonore
En grinçant monte l'escalier...
Et puis, écoutez ! la sonnette,
Klinglingling ! tinte doucement...
Par la porte de la chambrette
Ces mots pénètrent sourdement :

– Holà ! holà ! c'est moi, Lénore !
Veilles-tu, petite, ou dors-tu ?
Me gardes-tu ton cœur encore,
Es-tu joyeuse ou pleures-tu ?
– Ah ! Wilhelm, Wilhelm, à cette heure !
Ton retard m'a fait bien du mal,
Je t'attends, je veille, et je pleure...
Mais d'où viens-tu sur ton cheval ?

– Je viens du fond de la Bohême,
Je ne suis parti qu'à minuit,
Et je veux si Lénore m'aime
Qu'elle m'y suive cette nuit.
– Entre ici d'abord, ma chère âme,
J'entends le vent siffler dehors,
Dans mes bras, sur mon sein de flamme,
Viens que je réchauffe ton corps.

– Laisse le vent siffler, ma chère,
Qu'importe à moi le mauvais temps,
Mon cheval noir gratte la terre,
Je ne puis rester plus longtemps :
Allons ! chausse tes pieds agiles,
Saute en croupe sur mon cheval,
Nous avons à faire cent milles
Pour gagner le lit nuptial.

– Quoi ! cent milles à faire encore
Avant la fin de cette nuit ?
Wilhelm, la cloche vibre encore
Du douzième coup de minuit...
– Vois la lune briller, petite,
La lune éclairera nos pas ;
Nous et les morts, nous allons vite,
Et bientôt nous serons là-bas.

Mais où sont et comment sont faites
Ta demeure et ta couche ? – Loin :

Le lit est fait de deux planchettes
Et de six planches... dans un coin
Étroit, silencieux, humide.
– Y tiendrons-nous bien ? – Oui, tous deux ;
Mais viens, que le cheval rapide
Nous emporte au festin joyeux !

Lénore se chausse et prend place
Sur la croupe du noir coursier,
De ses mains de lis elle embrasse
Le corps svelte du cavalier...
Hop ! hop ! hop ! ainsi dans la plaine
Toujours le galop redoublait ;
Les amants respiraient à peine,
Et sous eux le chemin brûlait.

Comme ils voyaient, devant, derrière,
À droite, à gauche, s'envoler
Steppes, forêts, champs de bruyère,
Et les cailloux étinceler !
– Hourrah ! hourrah ! la lune est claire,
Les morts vont vite par le frais,
En as-tu peur, des morts, ma chère ?
– Non !... Mais laisse les morts en paix !

– Pourquoi ce bruit, ces chants, ces plaintes,
Ces prêtres ?... – C'est le chant des morts,
Le convoi, les prières saintes ;
Et nous portons en terre un corps. –
Tout se rapproche : enfin la bière
Se montre à l'éclat des flambeaux...
Et les prêtres chantaient derrière
Avec une voix de corbeaux.

– Votre tâche n'est pas pressée,
Vous finirez demain matin ;
Moi j'emmène ma fiancée,
Et je vous invite au festin :

Viens, chantre, que du mariage
L'hymne joyeux nous soit chanté ;
Prêtre, il faut au bout du voyage
Nous unir pour l'éternité ! –

Ils obéissent en silence
Au mystérieux cavalier :
– Hourrah ! – Tout le convoi s'élance,
Sur les pas ardents du coursier...
Hop ! hop ! hop ! ainsi dans la plaine
Toujours le galop redoublait ;
Les amants respiraient à peine,
Et sous eux le chemin brûlait.

Ô comme champs, forêts, herbages,
Devant et derrière filaient !
Ô comme villes et villages
À droite, à gauche, s'envolaient ! –
Hourrah ! hourrah ! les morts vont vite,
La lune brille sur leurs pas...
En as-tu peur, des morts, petite ?
– Ah ! Wilhelm, ne m'en parle pas !

Tiens, tiens ! aperçois-tu la roue ?
Comme on y court de tous côtés !
Sur l'échafaud on danse, on joue,
Vois-tu ces spectres argentés ? –
Ici, compagnons, je vous prie,
Suivez les pas de mon cheval ;
Bientôt, bientôt je me marie,
Et vous danserez à mon bal.

– Houch ! houch ! houch ! les spectres en foule
À ces mots se sont rapprochés
Avec le bruit du vent qui roule
Dans les feuillages desséchés :
Hop ! hop ! hop ! ainsi dans la plaine
Toujours le galop redoublait ;

Les amants respiraient à peine,
Et sous eux le chemin brûlait.

– Mon cheval ! Mon noir !... Le coq chante,
Mon noir ! Nous arrivons enfin,
Et déjà ma poitrine ardente
Hume le vent frais du matin...
Au but ! au but ! Mon cœur palpite,
Le lit nuptial est ici ;
Au but ! au but ! Les morts vont vite,
Les morts vont vite. Nous voici ! –

Une grille en fer les arrête :
Le cavalier frappe trois coups
Avec sa légère baguette. –
Les serrures et les verrous
Craquent... Les deux battants gémissent,
Se retirent. – Ils sont entrés ;
Des tombeaux autour d'eux surgissent
Par la lune blanche éclairés.

Le cavalier près d'une tombe
S'arrête en ce lieu désolé : –
Pièce à pièce son manteau tombe
Comme de l'amadou brûlé...
Hou ! hou !... Voici sa chair encore
Qui s'envole, avec ses cheveux,
Et de tout ce qu'aimait Lénore
Ne laisse qu'un squelette affreux.

Le cheval disparaît en cendre
Avec de longs hennissements...
Du ciel en feu semblent descendre
Des hurlements ! des hurlements !
Lénore entend des cris de plainte
Percer la terre sous ses pas...
Et son cœur, glacé par la crainte,
Flotte de la vie au trépas.

C'est le bal des morts qui commence,
La lune brille... les voici !
Ils se forment en ronde immense,
Puis ils dansent, chantant ceci :
– Dans sa douleur la plus profonde,
Malheur à qui blasphémera !... –
Ce corps vient de mourir au monde...
Dieu sait où l'âme s'en ira !

LENORE[10]

Traduit par Gottlieb Trenenthal

Lenore, agitée par de pénibles songes, s'éveilla en sursaut au lever de l'aurore : Es-tu infidèle, Wilhelm, ou es-tu mort ? Combien de temps encore tarderas-tu ? – Il était parti dans l'armée du roi Frédéric, pour combattre à Prague, et n'avait point écrit s'il était du nombre des survivants.

Le roi et l'impératrice, fatigués de leurs longues querelles, revinrent à des sentiments plus doux, et conclurent enfin la paix ; les troupes, entonnant des chants joyeux, accompagnés de la trompette sonore, retournèrent dans leurs foyers, parées de verts rameaux.

De toutes parts, sur tous les chemins, jeunes et vieux se portèrent à la rencontre des joyeux arrivants. Dieu soit loué ! s'écriaient l'épouse et l'enfant. Sois le bien venu, disait mainte fiancée dans son ivresse. Mais, hélas ! pour Lenore, pas de bon accueil, pas de baiser.

Elle courut de la tête à la queue du convoi ; elle s'informa de tous les noms ; mais de tous les arrivants pas un qui lui donnât des nouvelles. Quand la troupe fut passée, elle s'arracha les cheveux, et se jeta par terre avec tous les gestes du désespoir.

---

[10] Anthologie allemande : [extraite du cours de thèmes et de versions. Supplément] / J. T. Herrmann ; [trad. de l'allemand par Gottlieb Trenenthal]

http://gallica.bnf.fr/document?O=N069328

Sa mère courut à elle : Ah ! mon bon Dieu ! qu'as-tu, ma chère enfant ? Et elle la pressa dans ses bras. Ô ma mère, ma mère, c'en est fait, périssent le monde et l'univers ! Dieu est sans pitié ; malheur à moi, infortunée !

— Viens à notre secours, mon Dieu ! jette sur nous un regard de bonté ! mon enfant ; dis un *pater*. Ce que Dieu fait est bien fait ; Dieu a pitié de nous ; — erreur, ma mère, erreur ! Dieu m'a traitée sans pitié. Que m'a servi de prier. Il n'en est plus besoin désormais.

— Viens à notre secours, mon Dieu ! Qui connaît ce bon père, sait qu'il protège ses enfants. Le divin sacrement apaisera la douleur : — Ô ma mère, ma mère la douleur qui me consume ne saurait être apaisée par un sacrement. Il n'en est pas qui rende la vie aux morts.

— Écoute, mon enfant : si l'infidèle, dans la Hongrie lointaine, avait renoncé à sa croyance pour contracter de nouveaux liens ? Laisse, mon enfant, laisse son cœur ; il n'en saurait profiter. À la séparation du corps et de l'ame, son parjure fera son supplice.

— Ô ma mère, ma mère, c'en est fait ! mon malheur est sans ressource. La mort, la mort est ma seule espérance. Oh ! pourquoi suis-je née ? Flambeau de ma vie, meurs pour jamais ; évanouis-toi dans la sombre nuit. Dieu est sans pitié ; malheur à moi, infortunée !

— Viens à notre secours, mon Dieu ! Ne juge pas ta pauvre enfant ! Elle ne sait ce qu'elle dit. Ne lui tiens pas compte de son péché. Ah ! mon enfant, oublie tes maux d'ici-bas ; pense à Dieu et à l'éternelle félicité ! Ainsi ton ame ne cherchera pas en vain son fiancé.

— Ô ma mère ! Qu'est-ce que la félicité ? Qu'est-ce que l'enfer ? C'est près de lui qu'est la félicité, et sans Wilhelm c'est l'enfer. Flambeau de ma vie, meurs pour jamais ; évanouis-toi dans la sombre nuit. Sans lui, je ne saurais être heureuse ni dans ce monde ni dans l'autre.

Ainsi le désespoir agitait son esprit et son corps. Elle continua d'accuser témérairement la divine providence, se frappa le sein, se tordit les mains, jusqu'au coucher du soleil, jusqu'à l'apparition des astres étincelants sur la voûte du ciel.

Écoutez ! C'est le bruit des pas d'un cheval, un cavalier descend au bas des degrés qu'il fait retentir. Écoutez, écoutez ! la sonnette, très légèrement agitée, se fait entendre ; puis viennent ces mots : Holà ! holà, ouvre, mon enfant ! Dors-tu, ma chère, ou veilles-tu ? Quels sont tes sentiments à mon égard ? Es-tu triste ou joyeuse ? – Ah ! Wilhelm, c'est toi ? Si tard la nuit ? J'ai pleuré et veillé. Ah ! J'ai eu bien à souffrir ! D'où viens-tu ?

– Nous ne sellons qu'à minuit. J'arrive de la Bohème. Je me suis mis tard en route, et vais te prendre avec moi. – Ah ! Wilhelm, entre vite ; le vent siffle dans les buissons ; viens, mon bien-aimé, viens te réchauffer dans mes bras.

– Laisse, mon enfant, laisse le vent siffler dans la bruyère ! mon coursier trépigne ; l'éperon veut piquer, je ne puis séjourner ici. Viens, élance-toi sur mon coursier, et prends place derrière moi ! j'ai encore cent milles à faire aujourd'hui pour te mener au lit nuptial.

– Quoi ? cent milles encore pour me mener au lit nuptial ? Écoute ! La cloche frémit encore, elle vient de sonner onze heures. – Vois, la lune est brillante ; nous et les morts nous allons vite ; je te mène, je le gage, aujourd'hui même au lit nuptial.

– Dis-moi, où est ta chambre ? Où est ton lit nuptial ? Comment est-il ? – Loin d'ici ! Paisible, fraîche et petite ; six planches et deux planchettes. – Y a-t-il place pour moi ? – Pour toi et pour moi. Viens, saute, élance-toi. Les convives de la noce t'attendent ; la chambre est ouverte pour nous recevoir.

La douce amie relève sa robe, et d'un saut s'élance sur le coursier, ses blanches mains étreignent son fidèle cavalier ; le cheval part au galop ; cheval et cavalier sont haletants, les cailloux étincellent et volent çà et là.

À droite, à gauche, comme les champs, comme les bruyères passent devant leurs regards ! comme les ponts retentissent ! – As-tu peur, mon amie ? La lune est brillante, hurrah ! les morts vont vite ! As-tu peur aussi des morts, mon amie ? – Oh ! non ; mais laisse là les morts.

– Quel est ce chant ? Quels sont ces accents plaintifs ? Pourquoi ces corbeaux qui voltigent ? Écoutez le son de ces cloches ! Écoutez ce chant funèbre : « ensevelissons le cadavre ». Un convoi s'avance, portant un cercueil. Le chant funèbre ressemblait au croassement des grenouilles dans un étang.

« Enterrez votre cadavre après minuit, aux accents de l'hymne funèbre ! En ce moment je conduis ma jeune compagne au lit nuptial ! Viens ici, sacristain ! Viens avec les chantres et entonne-moi l'hymne nuptial ! Viens, prêtre, viens nous bénir, avant que nous nous mettions au lit. »

Le chant funèbre cesse. Le cercueil disparaît. Docile à son invitation, le convoi se précipite sur les pas du cheval, qui poursuit sa route au galop ; cheval et cavalier sont haletants, les cailloux étincellent et volent çà et là.

À droite, à gauche, disparaissent montagnes, arbres, buissons : à droite, à gauche, disparaissent les villages, les villes, les bourgades. – As-tu peur, mon amie ? La lune est brillante ; hurrah ! les morts vont vite. As-tu peur aussi des morts, mon amie ? – Ah ! laisse-les en repos, les morts.

Voyez, voyez, à la pâle lueur de la lune, cette troupe de bandits suspendus à la potence danser autour de la roue. « Allons, canaille, viens ici ! viens, suis-moi ! Danse-nous le branle des noces, pendant que nous entrerons au lit nuptial. »

Et la canaille de se précipiter derrière eux avec le fracas d'un tourbillon qui dans une coudraie froisse des feuilles desséchées. Et la troupe de poursuivre sa route au galop. Cavalier et coursier sont haletants ; les cailloux étincellent et volent çà et là.

Comme disparaissait en s'éloignant la vue des objets que la lune éclairait autour d'eux ! Comme passaient sur leur tête le ciel et les étoiles ! – As-tu peur, mon amie ? La lune est brillante. Hourrah ! Les morts vont vite. As-tu peur aussi des morts, mon amie ? – Ô mon Dieu, laisse en repos les morts.

– Il me semble que le coq chante déjà. Bientôt le sable sera écoulé. Je sens l'air du matin. Allons, mon coursier, abîme-toi ; notre course est achevée. Le lit nuptial s'ouvre. Les morts vont vite. Nous voici arrivés.

Ils accourent à bride abattue devant une grille de fer. Un coup d'une légère baguette fait voler en éclats serrure et verroux. Les battants s'ouvrent avec fracas, et ils passent sur des tombeaux. La lune faisait briller tout à l'entour des pierres funéraires.

Voyez, ah ! voyez ! En un moment, mon Dieu ! quelle terrible merveille ! La gorgerette du cavalier se détache et tombe en morceaux comme de l'amadou brûlée.

Sa tête n'est plus qu'un crâne dépouillé, et son corps un squelette avec une faux et un sablier.

Le cheval se cabre, hennit, jette des étincelles, puis s'abîme sous elle et disparaît. L'air gémit, et le sein de la terre y répond par de sinistres lamentations. Le cœur de Lenore frémit et lutte entre la vie et la mort. Alors à la clarté de la lune les esprits forment une ronde, et leur danse s'accompagne de ce refrain : »Patience, patience, dût ton cœur se briser ! Ne dispute pas avec le Dieu qui est au ciel ! Tu es débarrassée de ton corps ; que Dieu ait pitié de ton ame. »

LÉNORE[11]

Traduit par Paul Lehr

D'un songe affreux Lénore poursuivie
Au point du jour se réveilla soudain.
« Mon cher Wilhelm ; as-tu perdu la vie ?
Es-tu parjure, ou te verrai-je enfin ? »
Sous FRÉDÉRIC il partit pour l'armée,
Et combattit à Prague en bon hussard ;
Mais depuis lors sa jeune bien-aimée
Ne reçut plus de lettres de sa part.

L'Impératrice et son noble adversaire,
Moins obstinés dans leurs vastes projets,
Et fatigués des fureurs de la guerre,
Quoique rivaux, avaient signé la paix.
Leurs bataillons, à la riante allure,
Musique en tête avec refrains joyeux,
Parés de fleurs, couronnés de verdure,
Drapeaux flottans, s'en retournaient chez eux.

Le peuple accourt partout sur leur passage ;
Des cris de joie accueillent les soldats ;
Jeunes et vieux exaltent leur courage ;
Mères et fils, tous leur tendent les bras.
Plus d'une sœur, mainte et mainte fiancée
Criaient : « Amis ! soyez les bienvenus ! »...

---

[11] Lénore : ballade de Bürger / trad. de l'allemand [par Paul Lehr]
http://gallica.bnf.fr/document?O=N109097

Lénore, hélas ! muette et délaissée,
Se trouva seule au milieu d'inconnus.

Allant, venant, parlant à chaque bande,
De tous les noms elle alla s'enquérir ;
Chefs et soldats écoutaient sa demande :
Mais nul ne put répondre à son désir.
Bientôt passa le dernier corps d'armée,
Et vint ravir tout espoir à son cœur.
Lénore, à terre et presque inanimée,
N'exhale plus que des cris de douleur.

La mère accourt et vers elle s'élance :
« Que vois-je ? ô Dieu ! qu'as-tu, ma chère enfant ?
Viens dans mes bras, parle avec confiance,
Dis-moi ton mal ; je t'écoute en tremblant. » —
« Oh ! c'en est fait ; tout est perdu, ma mère !
Tout est perdu ! hélas ! Wilhelm est mort !
Il n'est plus rien qui m'attache à la terre ;
Dieu, sans pitié, m'abandonne à mon sort ! » —

« Aide, Seigneur ! au moment du naufrage
Les affligés n'ont que toi pour soutien.
Dis un *Pater*, enfant, cela soulage ;
Ce que Dieu fait, il le fait toujours bien. » —
« Que votre foi, ma mère, est puérile !
De mon bonheur Dieu n'a pris aucun soin ;
Il a jugé ma prière inutile,
Et désormais il n'en est plus besoin. » —

« Aide, Seigneur ! qui te connaît, mon Père,
Sait qu'en tous lieux ton secours est certain.
Ma chère enfant, pour calmer ta misère,
Approche-toi, du Sacrement divin. » —
« Ma mère ! il n'est, pour éteindre ma flamme,
Ni Sacrement, ni remède ici-bas ;
Nul Sacrement ne peut rappeler l'ame
D'un bien-aimé, victime du trépas ! » —

« Écoute, enfant ! ne pourrait-il se faire
Que le perfide ait abjuré sa foi.
Pour épouser une femme étrangère,
Et qu'en Bohème il vive sous sa loi ?...
Eh ! laisse aller le cœur de ce parjure ;
Il paira cher tant de déloyauté !
Au jour fatal, Dieu, vengeur de l'injure,
Saura punir son infidélité. » —

«Oh ! c'en est fait ! Wilhelm est mort, ma mère !
Il est perdu, oui, perdu sans retour :
Il n'est pour moi plus de bonheur sur terre !
Pourquoi faut-il qu'on m'ait donné le jour ?
Mort ! frappe-moi. brise mon existence,
Et qu'à jamais mon nom soit oublié !
Jouis, ô Dieu ! jouis de ma souffrance,
Puisque pour moi tu n'as pas de pitié ! » —

« Aide, Seigneur ! oh ! puisse ta justice
Ne pas juger ton enfant aujourd'hui !
De ses transports son cœur n'est pas complice ;
Elle blasphème ; ô Dieu ! pardonne-lui !...
Ma chère enfant ! oublie enfin ta peine,
Songe au salut, mets en Dieu ton bonheur ;
Qu'un saint amour vers l'Éternel l'entraîne ;
L'époux céleste a seul droit à ton cœur. » —

« Ah ! dites-moi, ma mère, je vous prie,
Qu'est le salut ? qu'est l'enfer et ses feux ?
Près de Wilhelm je bénirais la vie,
Et loin de lui le jour m'est odieux.
Oh ! c'en est fait... Mort, néant que j'appelle.
Venez, venez ! je vous vois sans effroi ;
Je ne veux pas de la vie éternelle,
Si mon Wilhelm sur terre est loin de moi. »

Rien ne calmait son désespoir extrême ;

Elle accusait avec témérité
La Providence et sa bonté suprême,
Lui reprochait un sort non mérité.
La pauvre enfant, défaite, échevelée,
Frappait son sein, versait des pleurs amers.
Jusqu'au moment où la nuit étoilée
Vint de ses feux couronner l'univers.

Chut !... on entend arriver en droiture,
À pas pressés, un coursier au grand trot ;
Un cavalier, à la bruyante armure,
Vient à la rampe et descend aussitôt.
Vers le cordon alors sa main se porte ;
L'oreille au guet, il sonne doucement
À petits coups ;... puis, à travers la porte.
Il fit voler ces mots distinctement :

« Lénore, viens ! viens, ouvre-moi, ma chère !
Dors-tu, ma belle ? ou n'as-tu pu dormir ?
Ai-je toujours le bonheur de te plaire ?
Je viens te voir !... hâte-toi de m'ouvrir ! », —
« Oh ! cher Wilhelm ! se peut-il ? est-ce un rêve ?
Est-ce bien toi ?... J'ai veillé, j'ai pleuré,
J'ai bien souffert !... mais je t'écoute, achève !
D'où viens-tu donc ?... j'avais désespéré ! » —

« Minuit sonnant nous nous mîmes en route,
Il m'a fallu bravement chevaucher !
Je viens de loin, de la Bohème :...écoute.
Il faut me suivre, et je viens te chercher » —
« Ah, cher Wilhelm ! entre dans ma chambrette :
J'entends siffler les vents dans le vallon ;
Viens te chauffer, ami ! je suis seulette :
Viens dans mes bras délier l'aquilon ! » —

« Laisse siffler au loin le vent d'automne ;
Mon cheval noir gratte le sol poudreux.
Et l'on entend l'éperon qui résonne !...

Je ne saurais m'arrêter en ces lieux.
Viens, couvre-toi, prends ton élan, ma chère !
Assise en croupe, il fait bon à cheval.
J'aurai ce jour bien cent milles à faire,
Pour t'amener dans le lit nuptial. » —

« Quoi ! tu voudrais me porter tout à l'heure
Dans notre couche en pays si lointain ?
Déjà la cloche annonce l'onzième heure ;
N'entends-tu pas encor vibrer l'airain ? » —
« Lénore, vois ! la lune nous éclaire ;
Nous et les morts nous voyageons bon train.
Je veux gager d'être avec toi, ma chère !
Au gite avant l'étoile du matin.

« Dis-moi, Wilhelm, où voit-on ta chambrette ? » —
« Bien loin d'ici ! » — « Comment est fait le lit ? » —
« Six ais cloués forment notre couchette,
En un lieu frais, paisible, assez petit... » —
« Puis-je y loger ? » — « Oh ! deux y trouvent place ;
Viens, couvre-toi, prends ton élan, voyons !
Des conviés la foule attend, se lasse ;
La chambre est prête, amie, allons, partons ! »

À peine il dit, que Lénore s'avance ;
Un doux penser l'agite en ce moment ;
Sur le coursier, légère, elle s'élance ;
Ses bras de lis étreignent son amant.
Au grand galop, volant à perdre haleine,
Le feu jaillit et brille sous leurs pas ;
Comme le vent le coursier les entraine,
Et du gravier lance au loin les éclats...

À leurs regards, dans ce fougueux voyage,
Tout semblait fuir, prés, champs, vastes forêts ;
Les ponts foulés accusaient leur passage :
Pour eux les monts abaissaient leurs sommets.
« M'amie a peur ? Eh ! vois, la lune donne :

Hourrah ! les morts ne s'arrêtent jamais.
Allons, courons !... crains-tu les morts, ma bonne ? » —
« Non, mon ami, mais laisse-les en paix ! »

Quel bruit là-bas, au milieu des ténèbres ?
Pourquoi voit-on ces corbeaux accourir ?
La cloche tinte !... entends ces chants funèbres !
« Portons le corps, il faut l'ensevelir ! »
Alors on vit un lugubre cortège,
Cercueil en tête, orné de noirs cyprès ;
Les chants pouvaient bien ressembler, que sais-je ?
Aux. cris plaintifs sortant de nos marais...

Vous porterez plus tard le corps en terre,
À son de cloche, avec chant sépulcral :
Moi, de ce pas, je conduis ma bergère,
Ma jeune épouse, au festin nuptial...
Viens, sacristain ! entonner les fiançailles ;
Amène aussi les chantres, le serpent...
Viens, prêtre ! viens bénir nos épousailles ;
La couche est prête et l'hymen nous attend. »

À cet appel du cavalier fantasque,
L'airain funèbre et les chants... tout se tait :
Comme enlevé par un coup de bourrasque,
Cercueil, cortège, enfin tout disparaît...
Le coursier noir au galop les entraîne.
Et siffle au loin, tel qu'un léger roseau ;
En bondissant il vole à perdre haleine ;
Le sol frémît sous son double fardeau.

Comme à leurs yeux tous les objets s'enfuirent ;
Sur l'horizon les hameaux, les cités,
Les monts, les bois, soudain s'évanouirent,
Et leur semblaient par les vents emportés.
« M'amie a peur ?... Eh ! vois, la lune donne ;
Hourrah ! les morts ne s'arrêtent jamais ;
Allons, courons ! Crains-tu les morts, ma bonne ? » —

« Ah ! laisse-les !... laisse les morts en paix ! »

Vois-tu, vois-tu l'étrange phénomène ?
Au clair de lune, on aperçoit là-bas
Sous le gibet la gent aérienne,
Qui danse en rond et qui prend ses ébats.
« Ah ! ça, venez et suivez-nous, canailles !
Je veux vous voir décorer notre bal ;
Vous ouvrirez la danse à nos fiançailles,
Et nous suivrez jusqu'au lit nuptial ! »

Il dit La bande accourt, les environne
À flots bruyans, comme la feuille au bois ;
Qui dans les airs s'amasse et tourbillonne.
Quand l'aquilon élève au loin sa voix.
Au grand galop, volant à perdre haleine,
Rien ne s'oppose à leur trajet fougueux ;
Impatient le coursier les entraine,
Et de ses fers jaillissent mille feux.

Dans leur essor, à peine touchant terre ;
Ils voyaient fuir et disparaître aux yeux,
Tous les objets qu'au loin la lune éclaire,
Et les flambeaux sur la voûte des cieux.
« M'amie a peur ?... Eh ! vois, la lune donne ;
Hourrah ! les morts ne s'arrêtent jamais ;
Allons, courons !... Crains-tu les morts, ma bonne ? » —
« De grâce, ami, laisse les morts en paix ! » —

« Ardent coursier ! le coq se fait entendre ;
Je sens déjà la fraîcheur du matin ;
Courage, allons ! ne te fais pas attendre ;
Le sablier va tirer à sa fin...
Nous voici donc au terme du voyage !
Toujours les morts vont d'un train sans égal ;
Il est fini, notre pèlerinage ;
Je vois s'ouvrir notre lit nuptial ! »

Disant ces mots, il vole à toute bride
Vers un portail à deux vastes battans ;
De sa houssine il frappe un coup rapide.
Et fait tomber les verroux impuissans :
Avec fracas les doubles portes s'ouvrent ;
Il entre alors dans ce funèbre enclos.
Au clair de lune, autour d'eux se découvrent
Les monumens de l'éternel repos.

Ô ciel ! voilà, tout comme un coup de foudre,
Qu'il s accomplit un prodige effrayant :
Du cavalier l'armure tombe en poudre,
Son crâne est vide et son cœur flamboyant ;
Un blanc squelette, à face épouvantable,
Tient d'une main le sablier fatal ;
De l'autre armé de sa faux redoutable ;
Il grince encor des dents sur son cheval.

Le coursier noir en frémissant se dresse ;
De ses naseaux un jet de feu jaillit ;
La terre tremble et sous ses pieds s affaisse :
Un gouffre affreux tout à coup l'engloutit...
Des hurlemens descendent de la nue ;
Des cris plaintifs s'élèvent du tombeau.
Lénore lutte, et par la mort vaincue,
Voit de ses jours s'éteindre le flambeau.

Mille démons, aux clartés de la lune ;
Vinrent danser une ronde en ces lieux,
Et tous hurlaient ; pleins d'une ardeur commune,
Cette morale en refrains pour adieux :
« Quand la douleur empoisonne ta vie.
Résigne-toi, n'accuse pas le Ciel !
Que l'ame enfin de ton corps affranchie
Obtienne grâce aux pieds de l'Éternel ! »

LÉNORE[12]

Traducteur anonyme

Lénore, aux premiers feux du matin, s'éveille d'un songe douloureux, et se lève. Es-tu infidèle, Wilhelm, ou mort ? Combien de temps tarderas-tu ? – Il était, avec l'armée du roi Frédéric, allé à la bataille de Prague ; et il n'avait point écrit s'il avait été blessé.

Le Roi et l'Impératrice, fatigués d'une longue querelle, ont adouci leurs ressentiments, et ont fait enfin la paix. Au bruit des chants, au bruit des cymbales et des instruments, chaque armée, couronnée de vert feuillage, regagnait sa patrie et ses foyers.

Partout, généralement partout, sur les chemins, sur les coteaux, jeunes et vieux, mêlant leurs hymnes de joie, couraient au-devant des arrivants. Dieu soit loué ! criaient les enfants et les épouses. Qu'ils soient les bienvenus ! disait mainte fiancée joyeuse. Mais, hélas ! pour Lénore, le salut et le baiser du retour étaient perdus.

Elle interroge le cortège d'un bout à l'autre bout, et elle s'informe de tous les noms. Mais il n'en est aucun de tous ceux qui arrivent qui puisse lui donner des nouvelles. Quand toute

---

[12] Leçons de littérature allemande : morceaux choisis des poètes et des prosateurs classés par genres ; [ouvrage précédé d'un] coup d'oeil sur la littérature allemande depuis Luther jusqu'à nos jours / par M. Jules Le Fèvre-Deumier

http://gallica.bnf.fr/document?O=N029633

l'armée fut passée, elle arracha ses cheveux noirs, et se jeta sur la terre, avec la rage du désespoir.

Sa mère courut à elle. – Hélas ! que Dieu ait pitié de nous ! Toi, mon cher enfant, que t'est-il arrivé ? Et elle serrait sa fille dans ses bras. – Ô ma mère, ma mère ! Mort ! Il est mort ! Maintenant, adieu le monde, adieu tout ! Dieu n'a aucune pitié. Ô malheur, malheur à moi, malheureuse !

– Secourez-nous, ô Dieu, secourez-nous ! Soyez-nous indulgent. Mon enfant, dis un *Pater noster* ; ce que Dieu fait est bien fait. Ô Dieu, mon Dieu, ayez pitié de nous ! – Ô ma mère, ma mère ! Vaines paroles ! Si Dieu fait bien, ce n'est pas pour moi. Que sert, que servirait ma prière ? Maintenant je n'ai plus besoin de rien.

– Secourez-nous, ô Dieu, secourez-nous ! Celui qui sait qu'il est un père, sait qu'il aide ses enfants ; le Saint-Sacrement adoucira ton chagrin. – Ô ma mère ! Ce qui me brûle, il n'y a pas de sacrement qui l'adoucisse ! Il n'y a pas de sacrement qui puisse rendre la vie aux morts.

– Écoute, mon enfant ! Peut-être cet homme faux, dans la lointaine Hongrie, aura oublié sa foi pour quelque nouvel hymen ! Laisse aller, mon enfant, laisse aller son cœur ; il n'en sera pas récompensé ; à l'heure où l'âme et le corps se séparent, son parjure le dévorera.

– Ô ma mère, ma mère, il est mort ! Il est mort, perdu, il est perdu ! Mourir, mourir, voilà mon lot. Éteins-toi, ma lumière, éteins-toi pour toujours ! Que je meure aussi ! Que je meure dans la nuit et l'effroi ! Dieu n'a aucune pitié ! Ô malheur, malheur à moi, malheureuse !

– Secourez-nous, ô Dieu, secourez-nous ! N'entrez pas en jugement avec votre pauvre enfant. Elle ne sait pas ce que dit sa langue. Ne prenez pas garde à ses péchés. Hélas ! mon enfant, oublie ta douleur terrestre, et pense à Dieu, à ton salut ! Ce fiancé-là ne manquera pas à ton âme.

– Ô ma mère, qu'est-ce que le salut ? Ô ma mère, qu'est-ce que l'enfer ? – C'est lui, c'est lui qui est mon salut, et sans Wilhelm tout est enfer. Éteins-toi, ma lumière, éteins-toi pour toujours ! Que je meure aussi ! Que je meure dans la nuit et l'effroi ! Sans lui, je ne puis pas rester sur terre : je ne puis pas être heureuse sans lui.

Ainsi le désespoir égare ses esprits et déchire ses veines ; ainsi elle ose, arrogante, disputer avec la providence de Dieu. Elle meurtrit son sein ; elle se tord les bras, jusqu'au déclin du soleil, jusqu'à l'heure où la voûte du ciel se couvre de ses étoiles d'or.

En dehors, écoutez ! Trap, trap, trap : on dirait le galop d'un cheval ; un chevalier en descend, on entend le cliquetis de ses pas prés de la grille. Écoutez ! écoutez ! Il tire la sonnette de la porte tout doucement. Klin, klin, klin, et à travers la porte arrive distinctement ces paroles :

Hollo ! hollo ! Ouvre, mon enfant. Dors-tu, ma bien-aimée, ou veilles-tu ? Qu'as-tu pensé de moi ! Pleures-tu, ou souris-tu ? – Hélas, Wilhelm ! Toi ! Si tard, dans la nuit ! J'ai pleuré et veillé ! Hélas ! J'ai souffert une grande douleur. D'où viens-tu donc maintenant à cheval ?

– Nous ne nous mettons en selle qu'à minuit. J'arrive ici du fond de la Bohême, et je veux t'emmener avec moi. – Hélas ! Wilhelm, dépêche-toi d'abord d'entrer. Le vent siffle dans l'aubépine. Viens dans mes bras, mon bien-aimé du cœur, te réchauffer.

– Laisse le vent siffler dans l'aubépine. Laisse-le siffler, enfant ! Le coursier noir bat du pied. L'éperon résonne. Je n'ose demeurer ici. Viens, noue ta robe, descends, et élance-toi sur mon coursier noir, derrière moi. Il nous faut aujourd'hui courir cent milles, pour aller au lit nuptial.

– Hélas ! Comment veux-tu que je puisse faire aujourd'hui cent milles, pour aller au lit nuptial ? Et écoute ! La cloche murmure encore ; elle a déjà sonné onze heures. – Regarde ici, regarde ! La lune brille pure. Nous, et les morts, nous allons vite. Je te porterai, je le gage, encore aujourd'hui dans le lit de noces.

– Mais dis : où est ta chambre ? Où ? Comment est ton lit de noces ? – Loin, bien loin d'ici : tranquille, froid et petit : six planches, et deux petites. – Y a t-il place pour moi ? – Pour toi et pour moi. Viens, noue ta robe, descends, et monte en croupe. Les conviés de la noce nous attendent. Notre chambre est ouverte.

Déjà la bien-aimée a noué sa robe. Elle est descendue, et elle s'est élancée légèrement sur le cheval. Elle enlace autour du chevalier chéri ses mains de lys : et vite, vite : hop, hop, hop, voilà qu'ils partent à grand bruit au galop, tellement que le cheval et le cavalier respiraient à peine, et que les pierres faisaient jaillir sous leurs pas, comme une poussière d'étincelles.

À droite, à gauche, comme ils fuyaient devant leurs yeux les prés, les plaines, les campagnes ! Les ponts résonnaient comme la foudre, quand ils passaient. – Ma bien aimée a-t-elle peur ?... La lune brille pure... hurrah ! Les morts vont vite... ma bien-aimée a-t-elle peur des morts ? – Hélas ! non... mais laisse les morts.

Quels sont ces chants, ces bruits qui retentissent ? Que cherche le vol des corbeaux ? – Écoutez ! c'est la cloche du glas. Écoutez ! c'est le chant des morts : LAISSEZ-NOUS ENSEVELIR CE CORPS. Et le convoi funèbre approchait, pourtant le cercueil avec son drap mortuaire. Le chant était semblable au cri du reptile dans les marécages.

Après minuit, vous ensevelirez ce corps au bruit des cloches, des chants, des gémissements ! Maintenant je conduis dans mes foyers ma jeune épouse. Avec nous, avec nous, à la fête ! Viens ici, sacristain ! Viens avec le chœur, et débite-moi l'office du mariage. Viens, curé, et prononce la bénédiction, avant que nous nous mettions au lit.

Les bruits, les chants ont cessé... La bière a disparu. Obéissant à sa voix le cortège les suit. Vite, vite ! Il courait le cortège, qu'il touchait presque aux sabots du cheval, et toujours plus rapides, hop, hop, hop, ils continuaient leur bruyant galop, tellement que le cheval et le cavalier respiraient à peine, et les pierres faisaient jaillir sous leurs pas comme une poussière d'étincelles.

Comme ils fuyaient à droite, comme ils fuyaient à gauche, les coteaux, les bois, les buissons ! Comme ils fuyaient à gauche, et à droite, et à gauche, les villages, les villes, les bourgades ! – – Ma bien aimée a-t-elle peur ?... La lune brille pure !... hurrah ! Les morts vont vite... ma bien-aimée a-t-elle peur des morts ? – Hélas ! non. Mais laisse-les reposer, les morts.

– Vois là ! vois là ! Près de la potence, vois-tu danser autour de la roue, à demi visible à la clarté de la lune, cette canaille de fantômes ? Sasa ! Canaille de toi ! Viens ici ! Canailles, venez et suivez-moi. Vous nous danserez le branle de noces, quand nous serons pour nous mettre au lit.

Et cette canaille, vite, vite, vite, se mit à les suivre, en criant comme l'ouragan, qui grince dans la coudraie à travers les feuilles sèches ; et toujours plus rapides, hop, hop, hop ! ils continuaient leur bruyant galop, tellement que le cheval et le cavalier respiraient à peine, et les pierres faisaient jaillir sous leurs pas comme une poussière d'étincelles.

Comme tout fuit autour d'eux de ce que la lune éclaire ! Comme tout fuit au loin ! Au-dessus d'eux, autour d'eux, comme ils fuient, le ciel et les étoiles ! – Ma bien aimée a-t-elle peur ?... La lune brille pure... Hurrah ! Les morts vont vite... ma bien-aimée a-t-elle peur des morts ? – Ô malheur ! Laisse reposer les morts.

– Mon cheval noir ! Mon cheval noir ! Il me semble déjà que le coq m'appelle ; le sable sera bientôt écoulé. Mon cheval noir ! Mon cheval noir ! Je sens l'air du matin. Mon cheval noir, dépêche-toi ! Elle est finie ! Notre course est finie ! Voilà le lit nuptial qui s'ouvre ! les morts vont vite. Nous sommes, nous sommes arrivés.

Soudain contre une grille de fer il s'élance, bride abattue ; d'un coup de sa légère houssine, il brise la porte et les verroux. Leur fuite retentissante a des ailes. Ils courent par-dessus les tombeaux. Toutes les pierres sépulcrales brillent autour d'eux éclairées par la lune.

Et voyez, voyez ! En un moment, voyez quel horrible miracle ! Le manteau du chevalier, morceau par morceau, tombe comme les lambeaux d'amadou. Un crâne, sans chair et sans cheveux, un crâne nu, voilà sa tête ! Son corps est un squelette, avec un sablier et une faulx.

Le cheval noir se cabre tout droit. Il pousse un hennissement sauvage, ses naseaux jettent du feu, puis sous le cavalier, il s'enfonce et disparaît. Des hurlements, des hurlements descendent du fond des airs, des gémissements montent du creux des tombeaux. Le cœur tremblant de Lénore battait entre la mort et la vie.

Maintenant les esprits dansent au clair de lune, en se tenant par la main et tournant : c'est la ronde des ombres, et ils chantent ces paroles : Patience ! Patience, quand même le cœur se brise ! Ne dispute pas avec Dieu dans le ciel. Tu es délivrée de ton corps : Dieu soit bon pour ton âme.

LÉNORE[13]

Traducteur anonyme

Lénore surgit en tressaillant, réveillé au matin par des rêves pénibles. – Guillaume, es-tu infidèle ? ou bien es-tu mort ? Combien tarderas-tu encore ? – Guillaume était parti avec les troupes du roi Frédéric, avait assisté à la bataille de Prague, et n'avait pas écrit ce qu'il était devenu.

Le roi et l'impératrice, fatigués de leurs longues querelles, adoucirent leur humeur guerrière, et firent enfin la paix. Chaque armée, avec des chants et des cris de joie, au bruit des tambours et des timbales, ornée de branches vertes au chapeau, prit le chemin de ses foyers.

Et partout, sur les grandes routes comme sur les sentiers, coururent jeunes et vieux attirés par les chants de triomphe des arrivants. – Dieu soit loué ! s'écriaient enfants et épouses. Sois le bienvenu, disait mainte joyeuse fiancée. – Mais pour Lénore, bienvenu et baisers étaient perdus.

Elle questionna le cortège dans toute sa longueur et demanda après tous les noms ; mais personne de tous ceux qui y étaient ne put lui répondre. Quand l'armée eut défilé, elle déchira ses cheveux de corbeau, et se roula à terre en tordant ses membres avec fureur.

---

[13] Illustrations des classiques allemands / par Eugène Neureuther
http://gallica.bnf.fr/document?O=N069226

Sa mère courut à elle. – Oh ! que le ciel te prenne en pitié, mon enfant chéri ; que t'arrive-t-il ? – Et elle la serra dans ses bras. – Oh ! mère, mère, ce qui n'est plus n'est plus ! Maintenant adieu le monde et tout le monde ! Dieu n'a pas de pitié ! Douleur ! douleur, à moi, malheureuse !

– Grand Dieu, assistez-nous ! Enfant, dis un *pater*, ce que Dieu fait est bien fait. Dieu a pitié de nous. – Oh ! mère, mère, vain espoir ; Dieu n'a pas bien agi avec moi. À quoi bon ma prière ? elle est maintenant inutile.

– Grand Dieu, assistez-nous ! Qui connaît le père sait qu'il vient au secours de ses enfants. Le saint sacrement adoucira ta douleur. – Oh ! mère, mère, ce qui me brûle le cœur ne sera guéri par aucun sacrement : aucun sacrement ne peut rendre la vie aux morts !

– Écoute, enfant : et si dans sa fausseté cet homme s'était démis de sa foi et avait contracté une nouvelle union dans le pays des Hongrois ? Enfant, abandonne son cœur ; il en sera bien puni, quand corps et ame se sépareront : son parjure le brûlera comme du feu.

Oh ! mère, mère, ce qui n'est plus n'est plus ! ce qui est perdu est perdu ! La mort, la mort fut mon lot ! Oh ! si je n'étais née jamais ! Éteins-toi, ma lumière, éteins-toi pour toujours ; meurs, meurs dans la nuit et les horreurs. Dieu est sans pitié, Douleur, douleur à moi, malheureuse !

– Grand Dieu, assistez-nous ! n'appelez pas votre pauvre enfant devant votre justice, elle ne sait pas ce que dit sa langue ; ne lui tenez pas compte d'un péché. Oh ! enfant, oublie ta douleur terrestre et pense à Dieu et à ton salut ; du moins, ton ame ne perdra pas son fiancé.

– Oh ! mère, qu'est-ce que le salut ? Oh ! mère, qu'est-ce que l'enfer. Éteins-toi, ma lumière, éteins-toi pour toujours ; meurs,

meurs dans la nuit et les horreurs. Sans lui je ne veux de salut ni dans le ciel ni sur la terre.

Ainsi le désespoir se déchaînait dans son cerveau et dans ses veines. Elle continua à invectiver avec audace la providence divine, se meurtrit la poitrine et se tordit les mains jusqu'au moment où le soleil se coucha, jusqu'au moment où à la voûte du ciel parurent les étoiles dorées.

Et au dehors un bruit – tro, tro, tro, tro, comme les fers d'un cheval et les cliquetis des éperons. Un cavalier descendit à la rampe de l'escalier, puis écoutez, à l'anneau de la petite porte, doucement, légèrement, kling, kling, kling, et à travers la porte s'entendirent ces mots :

– Holà ! ouvre, mon enfant ! Dors-tu, ma belle ? es-tu éveillée ? Qu'éprouves-tu encore pour moi ? Pleures-tu ou ris-tu ? – Quoi ! Guillaume ! toi, si tard dans la nuit ! J'ai pleuré et j'ai veillé. Ah ! j'ai eu beaucoup de mal ! D'où viens-tu à cheval comme cela ?

– Nous ne sellons nos cheveux qu'à minuit. J'arrive de bien loin, de Bohème. Je me suis levé tard, et je viens te prendre avec moi. – Ah ! Guillaume ! entre d'abord, bien vite. Le vent siffle dans les buissons. Entre, mon bien-aimé, que je te réchauffe dans mes bras.

– Laisse siffler le vent à travers les buissons. Mon noir hennit, l'éperon résonne ; je ne dois pas rester ici. Viens, lève ta robe, enlève-toi et saute derrière moi sur mon cheval noir. Je dois aujourd'hui encore courir cent lieues jusqu'à notre lit de fiancés.

– Eh quoi ! tu voulais aujourd'hui courir cent lieues pour me porter au lit nuptial ? Écoute, la cloche retentit encore qui déjà a sonné onze heures. – Regarde ici, regarde là. La lune luit clair. Nous et les morts courrons vite à cheval. Je te porte, je gage, aujourd'hui encore au lit de noces.

– Oh ! dis-moi où est le réduit qui nous recevra... Où ? Comment ! ton lit de noces ? – Loin, loin d'ici, tranquille, frais et petit ; six planches et deux planchettes. – Y a-t-il place pour moi ? – Pour toi et pour moi. Viens, relève ta robe, saute et enlève-toi. Les convives de la noce nous espèrent ; la porte nous est déjà ouverte.

– La belle releva sa robe, s'enleva et sauta avec prestesse sur le coursier ; elle serra le cavalier bien aimé de ses mains de lis, et tro, tro, tro, et hop, hop, hop, ce fut un galop si emporté, que cheval et cavalier soufflaient hors haleine, 'qu'étincelles et cailloux volaient en l'air.

Comme à droite, à gauche et devant leurs regards galopaient les prairies, les champs et la campagne ! comme les ponts tonnaient sous leurs pas ! – Ma belle aurait-elle peur ? La lune luit clair. Hourra ! Les morts courent vite à cheval. Ma belle a-t-elle peur des morts ? – Oh ! non ; mais laisse là les morts.

– Pourquoi ces chants ? pourquoi ces sons ? Pourquoi volent les corbeaux ? Écoutez... le son des cloches ; écoutez... des chants de morts... « Portons le mort en terre. » Et plus près s'avançait un convoi funèbre qui portait bière et brancard ; le chant ressemblait au cri des grenouilles dans les étangs.

– Après minuit, enterrez le corps avec chants, et cloches, et complaintes. Maintenant je ramène une jeune femme avec moi, avec moi vers mon lit de noces. Viens, sacristain, viens ici ; viens avec le chœur et hurle-moi le cantique des fiancés. Viens, prêtre, et dis la bénédiction avant que nous soyons couchés dans le lit.

Cessez, cloches et chants... – Le brancard disparut... Obéissant à son cri impératif... tro, tro, tro ; ceux qu'il appela accoururent et suivirent de près les fers du cheval noir. Et hop, hop, hop, toujours plus loin les emportait le bruissant galop, et cheval et cavalier soufflaient hors d'haleine ; étincelles et cailloux volaient en l'air.

Comme à droite et à gauche galopaient montagnes, arbres et haies ! comme galopaient à gauche, à droite, à gauche, les villages, les villes et les bourgs. – Ma belle aurait-elle peur ? La lune luit clair. Hourra ! Les morts courent vite à cheval. Ma belle aurait-elle peur des morts ? – Oh ! laisse en paix les morts.

– Voyez ! voyez à l'échafaud, autour du pivot de la roue danse une bande aérienne. Là... là... bande... ici... viens... bande, viens et suis-moi ; danse-nous le branle des noces quand nous monterons au lit.

– Et la bande vint, frou, frou, frou, courant après eux et faisant un bruit étrange comme le tourbillon qui rugit dans des buissons de noisetiers à travers des feuilles mortes.

Comme volait tout ce que la lune éclairait à la ronde ; comme tout volait dans le lointain ; comme volaient au dessus d'eux la lune et les étoiles. – Ma belle aurait-elle peur ? La lune luit clair. Hourra ! Les morts courent vite à cheval. Ma belle a-t-elle pour des morts ? – Grand Dieu ! laisse en paix les morts !

– Mon noir, mon noir, le coq, je crois appelle déjà ; bientôt le sable va se rejoindre. Mon noir, mon noir, je sens l'air du matin. Mon noir, allons vite loin d'ici. – Finie, finie notre course ; le lit de noces s'ouvre déjà. Les morts courent vite à cheval. Nous voici, nous voici arrivés.

À bride abattue ils courent vers une porte grillée ; la gaule pliante fit d'un seul coup sauter serrures et verrous. Les battants se fendirent en faisant entendre un cliquetis terrible, et la course continua sur des tombeaux. Des pierres mortuaires blanchissaient à l'entour aux rayons de la lune.

– Voyez, voyez soudain, oh ! oh ! un miracle effroyable. Le dolman du cavalier tombe pièce à pièce comme de l'amadou pourrie. Un crâne sans cheveux ni queue ; un crâne tout nu, la tête du cavalier ; son corps, un squelette avec faux et clepsydre.

Haut se dressa, fougueusement hennit le noir coursier, et soufflait des étincelles, et soudain il avait disparu sous Lénore et s'était enfoncé sous terre. Des mugissements sortaient du ciel, des gémissements des tombes profondes. Le cœur tremblant de Lénore se tordait entre vie et mort.

Alors dansèrent, brillant à la lune et tourbillonnant en cercle, les esprits affilés en longues chaînes, et hurlèrent ces paroles. – Patience ! patience ! quand même le cœur se rompt, n'offense pas ton Dieu au ciel. Tu es libre de ton corps ; que Dieu ait pitié de ton ame.

LÉONORE[14]

Imité par Mme Pauline de B****

Léonore, accablée, oubliant ses douleurs,
Vers la fin de la nuit a fait trêve à ses pleurs.
Depuis quelques instants Léonore sommeille ;
Bientôt un songe affreux l'agite et la réveille.
« Cher amant, ô Wilhelm ! hélas ! combien de temps
» Dois-je voir loin de toi prolonger mes tourments ?
» Dieu ! peut-être la mort, peut-être l'inconstance
» De te revoir jamais m'ont ravi l'espérance ! »
Ainsi l'infortunée a gémi sur son sort.
Affrontant les périls et méprisant la mort,
Loin d'elle son amant trop avide de gloire,
De son sang achetait l'honneur et la victoire ;
De Frédéric à Prague il a suivi les pas.
Quel sera son destin parmi tant de combats ?
Quels seront ses succès, ses revers ? Léonore
Craint et pleure déjà des malheurs qu'elle ignore.
Mais du peuple Hongrois la reine fait la paix :
Souveraine adorée, elle aime ses sujets.
Leur sang vient de couler, et son noble courage ;
Fit la guerre en héros et veut la paix en sage.
Les traités sont signés. On laisse les guerriers
Regagner triomphants leurs paisibles foyers.
Ils arrivent ! Quels cris ! Quels transports d'allégresse !

---

14 Léonore : poème / imité de l'allemand de Bürger ; par Mme Pauline de B**** [Bradi]
http://gallica.bnf.fr/document?O=N074567

Quels doux embrassements bannissent la tristesse !
Les lauriers qui paraient la tête des vainqueurs
Sont déjà remplacés par de plus simples fleurs.
Ils quittent leurs faisceaux pour de fraîches guirlandes :
L'amour leur prépara ces touchantes offrandes.
On revoit un époux, un fils, un frère... Hélas !
Parmi tant de guerriers Wilhelm ne paraît pas !
La triste Léonore, inquiète, agitée,
Vers la foule en tremblant s'était précipitée ;
Son visage inondé d'un déluge de pleurs,
Aux regards attendris décelait ses terreurs ;
Ses genoux affaiblis la soutenaient à peine.
Elle parcourt les rangs d'une marche incertaine ;
Elle hésite, interroge... On répond tristement,
Que l'on ne connaît point le sort de son amant.
Elle s'adresse à tous, et la même ignorance
Ravit à son amour un reste d'espérance.
On la quitte. Chacun de bonheur enivré
Va revoir son foyer si long-temps désiré,
Heureux et fier de voir sa parure guerrière
Décorer l'humble mur qu'il regrettait naguère.

Léonore est glacée. Une morne stupeur
La prive de ses sens et suspend sa douleur ;
Ses yeux semblent fixés sur un objet terrible.
Dont l'aspect effrayant l'a rendue insensible ;
Mais bientôt reprenant sa force et ses esprits,
Ses regrets concentrés s'exhalent en longs cris :
Elle meurtrit son sein, se jette sur la terre
Ses cheveux détachés sont souillés de poussière.
Dans les convulsions d'un frénétique amour,
Elle veut se soustraire à la clarté du jour.
Sa mère, qui déjà sent les glaces de l'âge,
Vient dans ses faibles bras ranimer son courage,
La presse toute en pleurs sur le sein maternel
Et pour sa Léonore invoque l'Éternel.
« Laisse le ciel en paix, lui dit l'infortunée :
» Aux maux les plus affreux par ton Dieu destinée,

» Puis-je encor le prier d'adoucir mon tourment ?
» Que pourrait-il pour moi ? J'ai perdu mon amant.
» — Juste ciel, prends pitié de ce cœur trop fidèle !
» Hélas ! jusqu'à ce jour te servant avec zèle,
» Elle observe tes lois, elle bénit ton nom !...
» Ma fille, soumets-toi ; rappelle ta raison.
» Dieu répand tour a tour les biens et les misères,
» Et d'une ame affligée exauce les prières.
» Peut-être que Wilhelm voit encore le jour ?
» Peut-être, qu'égaré par un nouvel amour,
» Auprès d'une autre épouse il devient infidelle ?
» Tu pleures son trépas, il t'oublie auprès d'elle...
» Mais de ton désespoir l'accablant souvenir
» Tourmentera l'ingrat jusqu'au dernier soupir.
» — Je croirais un instant que Wilhelm est parjure !...
» Ma mère, qu'as-tu dit ? Cesse, je t'en conjure,
» D'outrager mon amant, de profaner son nom !
» Tu veux en m'abusant rappeler ma raison...
» Je l'ai perdue. Eh quoi ! terminant ma carrière,
» Ne puis-je perdre aussi ce reste de lumière ?
» Ne me prodigue plus tes impuissants secours,
» Je maudis à jamais le premier de mes jours.
» La tombe est mon bonheur, la mort mon espérance,
» Je vois fuir avec joie une affreuse existence,
» Mon adoré Wilhelm, je n'espère qu'en toi ;
» Je meurs, et ton nom seul est invoqué par moi.
» — Pardonne, Dieu clément, ce coupable murmure !
» Pardonne à cette aveugle et faible créature !
» Jamais par cette enfant tu ne fus offensé ;
» Elle abjure déjà ce discours insensé.
» Oh, mon enfant ! oublie un amour périssable ;
» Pense au ciel, où l'on goûte une joie ineffable ;
» C'est là qu'une ame pure aime éternellement :
» Ici tout est fragile et passe en un moment.
» — Ni du ciel le séjour, ni de l'enfer l'abîme,
» Ne peut rien sur un cœur que l'amour seul anime :
» Le ciel, sans mon amant, ne m'offre point d'appas,
» Et l'enfer est aux lieux où je ne le vois pas. »

Telle est de son amour la coupable folie ;
Dans ses égarements elle devient impie,
Ne craint plus d'irriter le ciel par ses clameurs,
Et sans la consoler voit une mère en pleurs ;

Périsse de l'amour la funeste puissance !
Cette enfant jusqu'alors vivait dans l'innocence.
Sa mère tous les jours bénissait le seigneur
Des pieux sentiments qui remplissaient son cœur ;
Sur son front virginal brillait la modestie ;
Léonore ignorait qu'elle en fut embellie.
On n'osait point louer la grâce, les attraits
Qu'une noble pudeur répandait sur ses traits.
Maintenant ce n'est plus la douce Léonore ;
C'est une amante en proie au feu qui la dévore ;
Elle a tout oublié, sa mère, la vertu :
Wilhelm est le seul dieu d'un esprit éperdu.
Son corps succombe enfin sous tant de violence,
Et l'excès de ses maux la réduit au silence.

Cependant s'élevait l'astre mystérieux
Qui remplace du jour le flambeau radieux.
Léonore, épuisée, a promis à sa mère
De chercher le repos sur son lit solitaire.
C'est en vain : le silence et l'ombre de la nuit
Ne peuvent ramener le repos qui la fuit
Libre enfin, pour pleurer, pour gémir elle veille...
Quel son ! quel bruit lointain a frappé son oreille !
C'est le hennissement, c'est le pas d'un coursier,
C'est le bruit d'une armure annonçant un guerrier...
Mais on vient d'ébranler la cloche domestique ;
Quelle voix retentit auprès du seuil rustique ?
» Veilles-tu Léonore ? As-tu de ton amant
» Perdu le souvenir, oublié le serment ? »
À ces accents d'amour, l'heureuse Léonore
Se lève en tressaillant. C'est l'amant qu'elle adore !
Elle court, elle vole, et d'une faible voix

Elle dit : « Oh ! Wilhelm, enfin je te revois !
» Les craintes, les douleurs ont été mon partage.
» Oh ! pourquoi loin de moi signaler ton courage ?
» Oh ! pourquoi si long-temps différer ton retour ?
» – Je n'ai pu quitter Prague avant la fin du jour.
» J'attendais ce coursier ; sur lui tu dois me suivre ;
» Auprès de ton époux, Léonore, il faut vivre.
» – Eh ! pourquoi donc ici ne point te reposer ?
» À de nouveaux périls te faut-il exposer ?
» Les vents impétueux attristent la nature,
» Et de quelque malheur semblent être l'augure.
» – Laisse mugir le vent, que te fait son courroux ?
» Ne peux-tu le braver pour suivre ton époux ?
» Je suis impatient. Hâte-toi, Léonore,
» Veux-tu que loin de toi ton amant souffre encore ?
» Je ne saurais ici me reposer en paix,
» Et ce coursier fougueux ne s'arrête jamais.
» Viens occuper enfin la couche nuptiale ;
» Tu dois y précéder l'aurore matinale.
» Partons sans différer. – Attends au moins le jour :
» J'éprouve autant d'effroi que je ressens d'amour :
» L'heure…, l'obscurité… Écoute, l'airain sonne…
» Bientôt il est minuit… La foudre au loin résonne…
» Oh, Wilhelm ! attendons. – Vois l'astre de la nuit,
» Profitons de l'instant où sa clarté nous luit
» Mon amour a déjà disposé ton asile,
» Nous l'atteindrons bientôt sur ce coursier agile.
» Viens, pour te recevoir on a tout préparé ;
» Viens célébrer enfin cet hymen désiré.
» – Mais où sont les flambeaux, les voiles, les guirlandes ?
» Quel temple, quel autel recevra nos offrandes ?
» D'une nouvelle épouse ai-je les vêtements ?
» – Loin de toi le désir de ces vains ornements !
» Un long voile de lin doit recouvrir ta tête,
» Tout éclat est banni de cette auguste fête ;
» Cependant jusqu'ici le plus puissant mortel
» Ne célébra jamais hymen plus solennel,
» – Ma mère t'attendait pour me bénir encore ?

» Cesse de résister... J'espérais que l'amour,
» Par plus d'empressements payerait mon retour. »
Wilhelm se tait. L'amour lui prête tous ses charmes ;
la douceur de sa voix, ses yeux baignés de larmes,
Les dangers qu'il courut, tant de fidélité...
Léonore se dit qu'elle a trop résisté.
Sa robe est détachée et flotte sans ceinture ;
Son sein n'est recouvert que par sa chevelure ;
Elle craignait l'orage, elle craignait la nuit :
Mais elle ne voit plus que l'amant qu'elle suit.
Wilhelm par ses regards l'interroge en silence,
Enfin sur le coursier, légère, elle s'élance.
Et, pressant son amant de ses bras délicats,
Elle oublie un danger qu'elle ne brave pas.

Aussi prompt que l'éclair dans sa marche rapide,
L'indomptable coursier sous un maître intrépide
Entraîne Léonore à travers les guérets.
Ni les monts escarpés, ni les sombres forêts
N'arrêtent son élan qui fait trembler la terre ;
Autour de lui s'élève une épaisse poussière ;
Ses pieds frappent le roc qui jaillit en éclats,
Et vole étincelant embrasé sous ses pas.
Wilhelm s'adresse alors à sa triste compagne,
» Les astres, lui dit-il, éclairent la campagne ;
» Rassure-toi, bientôt je serai ton époux ;
» Vois, les ames des morts vont moins vite que nous.
» Les morts, les craindrais-tu ? – Oh ! non, lui répond-elle ;
» Mais laisse-les en paix dans la nuit éternelle. »

Soudain le bruit confus de gémissantes voix
Interrompt le repos des habitants des bois.
Le corbeau croassant, et l'oiseau des ténèbres
Font retentir l'écho de leurs accents funèbres.
Des prêtres du seigneur vêtus d'habits de deuil,
S'avancent à pas lents conduisant un cercueil :
La dure austérité d'une vie ascétique
Traça de creux sillons sur leur visage antique.

Ils portent des flambeaux, dont la pâle lueur
Rend les bois plus obscurs et répand la terreur ;
Ils chantent gravement un hymne funéraire :
» Ô mortel, tu n'es plus que cendre et que poussière !
» Quoi ! tu connus l'orgueil, et dans un froid tombeau
» Ton corps sert de pâture au plus vil vermisseau !
» Abjure ta fierté, reconnais ta misère ;
» Hâte-toi d'obéir ; terre, redeviens terre ! »
« Oui, bientôt, dit Wilhelm, vous serez satisfaits.
» Pontifes du Très-Haut, achevez vos apprêts ;
» Nous atteignons enfin cette heure fortunée
» Où vous devez bénir un si saint hyménée.
» Hâtons-nous Léonore ; » et le coursier fougueux
Semble un trait décoché par un bras vigoureux.
Son maître, de la voix l'encourage et le presse,
Il déchire ses flancs, et le fer qui le blesse
Irrite l'animal, qui, redoublant d'ardeur,
Croit laisser loin de lui le fer et la douleur.
Léonore s'écrie, en respirant à peine :
« Oh, Wilhelm ! arrêtons ! quelle lugubre scène !
» Ces crêpes, ce cercueil me remplissent d'effroi.
» Je tremble, je frémis, et je suis près de toi !
» – Pourquoi trembler encor ! la fortune jalouse
» Ne peut plus de mes bras arracher mon épouse.
» Crains-tu ceux que la mort a glacés pour jamais ?
» – Non, je ne les crains pas ; mais laisse-les en paix. »
Elle répond ces mots d'une voix défaillante ;
Ses esprits sont troublés, sa force est chancelante ;
Son regard fixe et morne exprime la terreur,
Son front est recouvert d'une horrible pâleur.
Du sang coule autour d'elle et rougit la verdure.
Elle voit des apprêts de mort et de torture,
Des fantômes errants, des ombres de pêcheurs ;
Un bruit sourd et confus, d'effrayantes clameurs,
La voix de son amant qui devient menaçante,
Tout de l'infortunée augmente l'épouvante.
L'astre brillant des nuits a perdu sa clarté,
De bleuâtres éclairs percent l'obscurité,

En nuages épais le vent chasse la poudre,
L'air au loin retentit des éclats de la foudre ;
La terre lui répond par un mugissement ;
Sur le sol ébranlé s'élève un monument :
L'enfer en construisit les murailles sanglantes,
Couvertes d'ossements et de chairs palpitantes !
Une grille d'airain s'entr'ouvre avec fracas.
Le coursier haletant précipite ses pas.
D'un bond il a franchi cette enceinte cruelle
Qui contient des pêcheurs la dépouille mortelle.
Les morts épouvantés sortis de leurs tombeaux,
Soulèvent lentement leurs linceuls en lambeaux.
Le fier coursier hennit, et sa bouche enflammée
Vomit un tourbillon d'une épaisse fumée.
Il rampe, se relève, et ses crins hérissés
Se changent en serpents hideux et courroucés.
À des feux souterrains le roc ouvre un passage ;
Ils coulent en torrents sur un sanglant rivage ;
Des esprits infernaux apportés sur les vents,
Repoussent les pêcheurs dans leurs noirs monuments.
Léonore éperdue entr'ouvre la paupière ;
Elle touche bientôt à son heure dernière.
Mais avant que ses jeux se ferment sans retour,
Elle veut voir encor l'objet de tant d'amour.
Juste ciel ! son amant n'est plus qu'un spectre horrible,
Dans sa main brille un dard flamboyant et terrible.
Les bras de Léonore autour de lui pressés,
N'approchent de son sein que des restes glacés.
Elle succombe enfin à cette horrible vue,
Aux pieds de son amant elle tombe étendue.
« Résigne-toi, lui crie un messager divin,
» Et n'accuse que toi d'un si triste destin.
» Aux arrêts de ton Dieu tu te montras rebelle ;
» Mais ton Dieu se souvient que tu lui fus fidelle.
» Viens joindre ton époux, sa compagne à jamais
» Ton ame va me suivre au séjour de la paix. »

Note de Mme Pauline de B****

À Madame
La Comtesse de Genlis.

Mon amie,

Je suis heureuse de pouvoir dire que je vous dois l'hommage de ce premier essai : autrement, aurais-je osé vous l'offrir ? Vous m'avez conseillé, ordonné l'étude ; vous m'avez prouvé qu'elle pouvait s'allier avec mes devoirs. Je vous ai obéi ; et ma docilité m'a valu des plaisirs dont le souvenir ne me donnera jamais de regrets. Ayez, je vous prie, quelque indulgence pour Léonore ; songez, en la lisant, que je lui dois le bonheur de vous répéter que mon respect et ma tendresse égalent ma reconnaissance et les bontés que votre amitié m'a prodiguées.

Depuis deux ans cette imitation est terminée ; et je me rendais assez justice pour ne pas la publier, lorsque l'on m'a donné avis que madame la baronne de Staël, ayant parlé de l'original dans son dernier ouvrage, je devais m'attendre à voir imprimer quelque copie de l'imitation de Léonore, que j'ai trop souvent prêtée. L'opinion de madame de Staël sur la romance de Bürger, est tout-à-fait décourageante : ce qu'elle regarde comme difficile doit m'être impossible ; et j'aurais caché mon ouvrage plus que jamais, si je n'avais su qu'il allait paraître avec toutes les fautes que j'ai corrigées depuis que le manuscrit est rentré dans mes mains.

Une imitation ne vaut guère d'éloges à son auteur, mais peut lui attirer beaucoup de critiques : je vais d'avance répondre le mieux possible à celles que je prévois.

On me reprochera le choix du sujet ; mais si l'on tolère les revenants sur la scène et dans les romans, on peut bien les tolérer dans un petit poëme : il n'est pas plus fou de croire aux apparitions qu'aux devineresses ; c'est moins dangereux, et les morts ne donnent que d'utiles leçons partout où on les fait intervenir. J'ai trouvé le dénouement de Léonore très moral : son amant même la punit du crime dont il est la cause ; cette pensée est juste et terrible, on peut la méditer avec fruit.

On dira que je n'ai pas imité assez scrupuleusement l'original : j'avoue que je n'ai pas eu le courage de faire *danser les morts* ni de détailler les dernières scènes de Léonore ; le goût français s'y oppose. Je me suis crue obligée aussi d'ajouter quelques vers, qui, en apprenant aux lecteurs les premières vertus de Léonore, motivent la grâce qui lui est faite au moment d'expirer.

Le lecteur doit savoir que Léonore est une *promise*, et que ce titre justifie en Allemagne le parti qu'elle prend de suivre Wilhelm.

LENORE[15]

Version originale par Gottfried August Bürger

Lenore fuhr ums Morgenrot
Empor aus schweren Träumen :
»Bist untreu, Wilhelm, oder tot ?
Wie lange willst du säumen ?« –
Er war mit König Friedrichs Macht
Gezogen in die Prager Schlacht,
Und hatte nicht geschrieben :
Ob er gesund geblieben.

Der König und die Kaiserin,
Des langen Haders müde,
Erweichten ihren harten Sinn,
Und machten endlich Friede ;
Und jedes Heer, mit Sing und Sang,
Mit Paukenschlag und Kling und Klang,
Geschmückt mit grünen Reisern,
Zog heim zu seinen Häusern.

Und überall all überall,
Auf Wegen und auf Stegen,
Zog alt und jung dem Jubelschall
Der Kommenden entgegen.
Gottlob ! rief Kind und Gattin laut,
Willkommen ! manche frohe Braut.

---

[15] http://gutenberg.spiegel.de/autoren/buerger.htm

Ach ! aber für Lenoren
War Gruß und Kuß verloren.

Sie frug den Zug wohl auf und ab,
Und frug nach allen Namen ;
Doch keiner war, der Kundschaft gab,
Von allen, so da kamen.
Als nun das Heer vorüber war,
Zerraufte sie ihr Rabenhaar,
Und warf sich hin zur Erde,
Mit wütiger Gebärde.

Die Mutter lief wohl hin zu ihr : –
»Ach, daß sich Gott erbarme !
Du trautes Kind, was ist mit dir ?« –
Und schloß sie in die Arme. –
»Ô Mutter, Mutter ! hin ist hin !
Nun fahre Welt und alles hin !
Bei Gott ist kein Erbarmen.
Ô weh, o weh mir Armen !« –

»Hilf Gott, hilf ! Sieh uns gnädig an !
Kind, bet ein Vaterunser !
Was Gott tut, das ist wohlgetan.
Gott, Gott erbarmt sich unser !« –
»Ô Mutter, Mutter ! Eitler Wahn !
Gott hat an mir nicht wohlgetan !
Was half, was half mein Beten ?
Nun ist's nicht mehr vonnöten.« –

»Hilf Gott, hilf ! wer den Vater kennt,
Der weiß, er hilft den Kindern.
Das hochgelobte Sakrament
Wird deinen Jammer lindern.« –
»Ô Mutter, Mutter ! was mich brennt,
Das lindert mir kein Sakrament !
Kein Sakrament mag Leben
Den Toten wiedergeben.« –

»Hör, Kind ! wie, wenn der falsche Mann,
Im fernen Ungerlande,
Sich seines Glaubens abgetan,
Zum neuen Ehebande ?
Laß fahren, Kind, sein Herz dahin !
Er hat es nimmermehr Gewinn !
Wann Seel und Leib sich trennen,
Wird ihn sein Meineid brennen.« –

»Ô Mutter, Mutter ! Hin ist hin !
Verloren ist verloren !
Der Tod, der Tod ist mein Gewinn !
Ô wär ich nie geboren !
Lisch aus, mein Licht, auf ewig aus !
Stirb hin, stirb hin in Nacht und Graus !
Bei Gott ist kein Erbarmen.
Ô weh, o weh mir Armen !« –

»Hilf Gott, hilf ! Geh nicht ins Gericht
Mit deinem armen Kinde !
Sie weiß nicht, was die Zunge spricht.
Behalt ihr nicht die Sünde !
Ach, Kind, vergiß dein irdisch Leid,
Und denk an Gott und Seligkeit !
So wird doch deiner Seelen
Der Bräutigam nicht fehlen.« –

»Ô Mutter ! Was ist Seligkeit ?
Ô Mutter ! Was ist Hölle ?
Bei ihm, bei ihm ist Seligkeit,
Und ohne Wilhelm Hölle ! –
Lisch aus, mein Licht, auf ewig aus !
Stirb hin, stirb hin in Nacht und Graus !
Ohn ihn mag ich auf Erden,
Mag dort nicht selig werden.« – – –

So wütete Verzweifelung
Ihr in Gehirn und Adern.
Sie fuhr mit Gottes Vorsehung
Vermessen fort zu hadern ;
Zerschlug den Busen, und zerrang
Die Hand, bis Sonnenuntergang,
Bis auf am Himmelsbogen
Die goldnen Sterne zogen.

Und außen, horch ! ging's trapp trapp trapp,
Als wie von Rosseshufen ;
Und klirrend stieg ein Reiter ab,
An des Geländers Stufen ;
Und horch ! und horch ! den Pfortenring
Ganz lose, leise, klinglingling !
Dann kamen durch die Pforte
Vernehmlich diese Worte :

»Holla, Holla ! Tu auf mein Kind !
Schläfst, Liebchen, oder wachst du ?
Wie bist noch gegen mich gesinnt ?
Und weinest oder lachst du ?« –
»Ach, Wilhelm, du ? – – So spät bei Nacht ? – –
Geweinet hab ich und gewacht ;
Ach, großes Leid erlitten !
Wo kommst du hergeritten ?« –

»Wir satteln nur um Mitternacht.
Weit ritt ich her von Böhmen.
Ich habe spät mich aufgemacht,
Und will dich mit mir nehmen.« –
»Ach, Wilhelm, erst herein geschwind !
Den Hagedorn durchsaust der Wind,
Herein, in meinen Armen,
Herzliebster, zu erwarmen !« –

»Laß sausen durch den Hagedorn,
Laß sausen, Kind, laß sausen !

Der Rappe scharrt ; es klirrt der Sporn.
Ich darf allhier nicht hausen.
Komm, schürze, spring und schwinge dich
Auf meinen Rappen hinter mich !
Muß heut noch hundert Meilen
Mit dir ins Brautbett eilen.« –

»Ach ! wolltest hundert Meilen noch
Mich heut ins Brautbett tragen ?
Und horch ! es brummt die Glocke noch,
Die elf schon angeschlagen.« –
»Sieh hin, sieh her ! der Mond scheint hell.
Wir und die Toten reiten schnell.
Ich bringe dich, zur Wette,
Noch heut ins Hochzeitbette.« –

»Sag an, wo ist dein Kämmerlein ?
Wo ? Wie dein Hochzeitbettchen ?« –
»Weit, weit von hier ! – – Still, kühl und klein ! – –
Sechs Bretter und zwei Brettchen !« –
»Hat's Raum für mich ?« – »Für dich und mich !
Komm, schürze, spring und schwinge dich !
Die Hochzeitgäste hoffen ;
Die Kammer steht uns offen.« –

Schön Liebchen schürzte, sprang und schwang
Sich auf das Roß behende ;
Wohl um den trauten Reiter schlang
Sie ihre Liljenhände ;
Und hurre hurre, hopp hopp hopp !
Ging's fort in sausendem Galopp,
Daß Roß und Reiter schnoben,
Und Kies und Funken stoben.

Zur rechten und zur linken Hand,
Vorbei vor ihren Blicken,
Wie flogen Anger, Heid und Land !
Wie donnerten die Brücken ! –

»Graut Liebchen auch ? – – Der Mond scheint hell !
Hurra ! die Toten reiten schnell !
Graut Liebchen auch vor Toten ?« –
»Ach nein ! – – Doch laß die Toten ! –

Was klang dort für Gesang und Klang ?
Was flatterten die Raben ? – –
Horch Glockenklang ! horch Totensang :
»Laßt uns den Leib begraben !«
Und näher zog ein Leichenzug,
Der Sarg und Totenbahre trug.
Das Lied war zu vergleichen
Dem Unkenruf in Teichen.

»Nach Mitternacht begrabt den Leib,
Mit Klang und Sang und Klage !
Jetzt führ ich heim mein junges Weib.
Mit, mit zum Brautgelage !
Komm, Küster, hier ! Komm mit dem Chor,
Und gurgle mir das Brautlied vor !
Komm, Pfaff, und sprich den Segen,
Eh wir zu Bett uns legen !« –

Still, Klang und Sang. – – Die Bahre schwand. – –
Gehorsam seinem Rufen,
Kam's, hurre hurre ! nachgerannt,
Hart hinter's Rappen Hufen.
Und immer weiter, hopp hopp hopp !
Ging's fort in sausendem Galopp,
Daß Roß und Reiter schnoben,
Und Kies und Funken stoben.

Wie flogen rechts, wie flogen links,
Gebirge, Bäum und Hecken !
Wie flogen links, und rechts, und links
Die Dörfer, Städt und Flecken ! –
»Graut Liebchen auch ? – – Der Mond scheint hell !
Hurra ! die Toten reiten schnell !

Graut Liebchen auch vor Toten ?« –
»Ach ! Laß sie ruhn, die Toten !« –

Sieh da ! sieh da ! Am Hochgericht
Tanzt' um des Rades Spindel
Halb sichtbarlich bei Mondenlicht,
Ein luftiges Gesindel. –
»Sasa ! Gesindel, hier ! Komm hier !
Gesindel, komm und folge mir !
Tanz uns den Hochzeitreigen,
Wann wir zu Bette steigen !« –

Und das Gesindel husch husch husch !
Kam hinten nachgeprasselt,
Wie Wirbelwind am Haselbusch
Durch dürre Blätter rasselt.
Und weiter, weiter, hopp hopp hopp !
Ging's fort in sausendem Galopp,
Daß Roß und Reiter schnoben,
Und Kies und Funken stoben.

Wie flog, was rund der Mond beschien,
Wie flog es in die Ferne !
Wie flogen oben über hin
Der Himmel und die Sterne ! –
»Graut Liebchen auch ? – – Der Mond scheint hell !
Hurra ! die Toten reiten schnell !
Graut Liebchen auch vor Toten ?« –
»Ô weh ! Laß ruhn die Toten !« – – –

»Rapp' ! Rapp' ! Mich dünkt der Hahn schon ruft. – –
Bald wird der Sand verrinnen – –
Rapp' ! Rapp' ! Ich wittre Morgenluft – –
Rapp' ! Tummle dich von hinnen ! –
Vollbracht, vollbracht ist unser Lauf !
Das Hochzeitbette tut sich auf !
Die Toten reiten schnelle !
Wir sind, wir sind zur Stelle.« – – –

Rasch auf ein eisern Gittertor
Ging's mit verhängtem Zügel.
Mit schwanker Gert' ein Schlag davor
Zersprengte Schloß und Riegel.
Die Flügel flogen klirrend auf,
Und über Gräber ging der Lauf.
Es blinkten Leichensteine
Rundum im Mondenscheine.

Ha sieh ! Ha sieh ! im Augenblick,
Huhu ! ein gräßlich Wunder !
Des Reiters Koller, Stück für Stück,
Fiel ab, wie mürber Zunder.
Zum Schädel, ohne Zopf und Schopf,
Zum nackten Schädel ward sein Kopf ;
Sein Körper zum Gerippe,
Mit Stundenglas und Hippe.

Hoch bäumte sich, wild schnob der Rapp',
Und sprühte Feuerfunken ;
Und hui ! war's unter ihr hinab
Verschwunden und versunken.
Geheul ! Geheul aus hoher Luft,
Gewinsel kam aus tiefer Gruft.
Lenorens Herz, mit Beben,
Rang zwischen Tod und Leben.

Nun tanzten wohl bei Mondenglanz,
Rundum herum im Kreise,
Die Geister einen Kettentanz,
Und heulten diese Weise :
»Geduld ! Geduld ! Wenn's Herz auch bricht !
Mit Gott im Himmel hadre nicht !
Des Leibes bist du ledig ;
Gott sei der Seele gnädig !«